Dietrich Schumacher

Slawen und Wikinger in Vorpommern

Wo das sagenhafte **Vineta**, die Seefestung **Jomsburg**, die Tempelburgen **Swante Wustrow** und **Rethra** sowie die Hafenstadt **Stralow** wirklich lagen!

NWM-Verlag

Impressum:

© cw Nordwest Media Verlag Grevesmühlen
Am Lustgarten 1 • 23936 Grevesmühlen
Tel./Fax: 03881/23 39 • info@nwm-verlag.de
www.nwm-verlag.de • www.foxbooks.de

1. Auflage 2020

Autor:
Dietrich Schumacher

Umschlaggestaltung:
cw Nordwest Media Verlag, Grevesmühlen
Titelbild: POMERANIA DUCATUU TABULA EXAKTA, Ausschnitt aus dem Kupferstich von Caspar Merian, 1652

Gesamtherstellung: cw Nordwest Media Verlagsgesellschaft mbH

ISBN: 978-3-946324-32-4

Dietrich Schumacher

Slawen und Wikinger in Vorpommern

NWM-Verlag

Es sind die Lebenden,
die den Toten die Augen schließen
und es sind die Toten,
die den Lebenden die Augen öffnen.

Slawisches Sprichwort

Inhaltsverzeichnis

Ausschnitt aus der Karte „Das Herzogthum Pommern“ von F. L. Güssefeld, Homannische Erben, Nürnberg 1792,
Geographisches Institut der Universität Greifswald, aus: Hannelore Sattler, Gerhard Heß „Pommern in alten Karten aus fünf Jahrhunderten“

Einleitung

Im Zusammenhang mit meinem Beruf als Gebiets-, Stadt- und Dorfplaner habe ich mich für die Gründung von Städten und Dörfern interessiert. Da ich vorwiegend für Städte und Gemeinden im nördlichen Vorpommern geplant habe, konnte ich für diesen Bereich Kenntnisse zur Topografie, Geologie und Geschichte sammeln. Daher konzentrierte ich meine Nachforschungen auf den nördlichen Teil von Vorpommern, grob gesagt zwischen Ribnitz-Damgarten im Westen bis Swinemünde im Osten; d. h., ich habe das Gebiet zwischen der Ostseeküste, der Recknitz, der Trebel, der Peene, dem Stettiner Haff und der Swine betrachtet. Die Dörfer und die Vorläufer der Hansestädte in Vorpommern wurden überwiegend während der Besiedelung durch die Slawen gegründet. Deshalb habe ich mich für die Geschichte Vorpommerns vom 7. bis zum 13. Jahrhundert interessiert.

Bei dem Studium der neueren Literatur zur Geschichte Vorpommerns habe ich festgestellt, dass die Autoren zur Lage so berühmter slawischer Orte, wie des sagenhaften Handelsortes Vineta mit der Seefestung der Jomswikinger, der Tempelburgen Swante Wustrow und Rethra oder des bedeutenden Hafenortes Stralow (Vorgängersiedlung von Stralsund) verschiedene Auffassungen vertreten. Bei näherer Prüfung merkte ich, dass alle in der Gegenwart publizierten Meinungen zur Lage der genannten Orte bereits durch frühere Forschungsergebnisse sowie durch die Berichte der Geschichtsschreiber vom 11. bis zum 17. Jahrhundert widerlegt waren. Durch diese Erkenntnis wurde ich angetrieben, selber nach den bisher unbekannten Standorten des sagenhaften Vineta, der Seefestung Jomsburg, der Tempelburgen Rethra und Swante Wustrow, von Stralow/Svold (der Vorgängerstadt von Stralsund) und von weiteren Burgwällen und Handelsorten zu suchen.

Durch meine Arbeit als Stadt- und Dorfplaner war ich es gewohnt, Probleme komplex zu bearbeiten, d. h. alle für die Lösung relevanten Fachgebiete einzubeziehen. Für meine Untersuchungen zur Geschichte der Besiedlung Vorpommerns durch die Slawen nutzte ich u. a. folgende Grundlagen: wissenschaftliche Berichte über den Küstenrückgang an Steilufern, geologische Karten zur Bestimmung der Verlandungsbereiche, nordische Sagas (es ist erstaunlich, wie genau diese Berichte aus dem 12. Jahrhundert wichtige Ereignisse des 10. oder 11. Jahrhunderts, z. B. die Seeschlacht bei

Svold im Jahre 1000, beschreiben), Bücher der Geschichtsschreiber vom 11. bis zum 17. Jahrhundert, das Pommersche Urkundenbuch, Berichte über archäologische Funde (u a. in den Ortsakten der Bodendenkmalpfleger des Landes Mecklenburg-Vorpommern in Wiligrad bei Schwerin) und noch sichtbare Burgwälle, Wörterbücher slawischer Sprachen zur Deutung von Ortsnamen slawischen Ursprungs sowie alte und neue Landkarten, für deren Bereitstellung ich Dr. Frank Mohr sehr dankbar bin. Für die erfolgreiche Arbeit mit der Wünschelrute zur Standortbestimmung nicht mehr sichtbarer slawischer Burgwälle (siehe Kapitel „Erläuterungen zur Arbeit mit der Wünschelrute) danke ich Hans-Peter Nehmzow und Anne-Kathrin Hinrichs, Züssow. Mein Dank gilt auch Frauke Mohr, Lichtenhagen, für die grafische Bearbeitung meiner farbigen Kartenentwürfe.
Die Ergebnisse meiner Untersuchungen habe ich in den „Heimatheften für Mecklenburg und Vorpommern“ veröffentlicht: zu „Vineta am Greifswalder Bodden“ in Heft 3/2001, zu „Stralow / Stralsund gegenüber von Stralsund“ in Heft 4/2006 und Heft 1/2007, zur „Jomsburg am Peenestrom /Spandowerhagener Wiek“ in Heft 3/2007 und zu „Rethra am Achterwasser“ in Heft 4/2007. Diese Beiträge wurden aktualisiert, um die Ausarbeitungen über „Swante Wustrow“ (Veröffentlicht in Stier und Greif“, Jahrgang 2019, Heft 2 der Heimathefte für Mecklenburg-Vorpommern) und die Beschreibung der Arbeit mit der Wünschelrute ergänzt und im vorliegenden Werk zusammengefasst.
Ein besonderer Dank geht an Ulf-Peter Schwarz vom MWM-Verlag, der die Veröffentlichung dieser Forschungsarbeit ermöglichte und tatkräftig unterstützte sowie für Fotos und Layout verantwortlich ist.

Dietrich Schumacher *Rostock, März 2020*

Die Karte auf der Seite 6 aus dem Jahre 1792 zeigt das Untersuchungsgebiet.

Rekonstruktion des Küstenverlaufs und der Schifffahrtswege im nördlichen Vorpommern im 10. Jahrhundert

Grundlagen für die Rekonstruktion der Küstenlinien bilden die topographischen Karten für das Untersuchungsgebiet, die Geologischen Karten von Mecklenburg-Vorpommern /1/, Satellitenbilder und der Generalplan Küsten- und Hochwasserschutz Mecklenburg-Vorpommern /2/ in Verbindung mit historischen Karten und schriftlichen Überlieferungen von Zeitzeugen. Aus den geologischen Karten, speziell aus der Karte „Böden" /1.1/, können die Flächen entnommen werden, auf denen sich aus Gewässern durch Verlandung die heute nur wenig über dem Meeresspiegel liegenden Wiesenflächen gebildet haben, und die Dünen- und Strandbereiche, die durch die Meeresströmungen aufgespült wurden. Andererseits können aus den im Generalplan Küsten- und Hochwasserschutz angegebenen Daten über den Rückgang der Küstenabschnitte in den letzten 100 Jahren und aus alten Karten Schlussfolgerungen getroffen werden über den Landverlust an Küsten, die der Abtragung unterliegen. Für die Rekonstruktion der ehemaligen Küstenabschnitte wurden auch Darstellungen aus Heimatbüchern genutzt: für Fischland / Darß / Zingst: „Der Darß" Neumann Verlag Radebeul und Berlin 1952, für Usedom: Hermann Heinz Wille „Die Insel Usedom" Carl Hinstorff Verlag Rostock 1953.

Auf der nach diesen Untersuchungen vom Verfasser hergestellten Karte „Küstenlinien, Wasserläufe, Burgwälle und Handelszentren zwischen Recknitz und Swine um das Jahr 1000" ist zu erkennen, dass die heutigen Ausgleichsküsten, zum Beispiel die Halbinsel Fischland/Darß/Zingst und die Insel Usedom vor 1000 Jahren Inselketten waren und dass es wahrscheinlich mindestens elf Verbindungen zwischen der Ostsee und der heutigen vorpommerschen Boddenkette gab. Mindestens sechs der o. g. Verbindungen zur Ostsee und die auf heute polnischem Gebiet liegenden Wasserstraßen vom Haff zur Ostsee, Swine und Dievenow, waren Mündungsarme der Oder. Da die Meeresarme im Bereich Zinnowitz / Koserow (heutige Insel Usedom) in den alten Überlieferungen nicht erwähnt werden, kann angenommen werden, dass diese ehemaligen Verbindungen zwischen Ostsee und Achterwasser um das Jahr 1000 nicht mehr schiffbar waren.

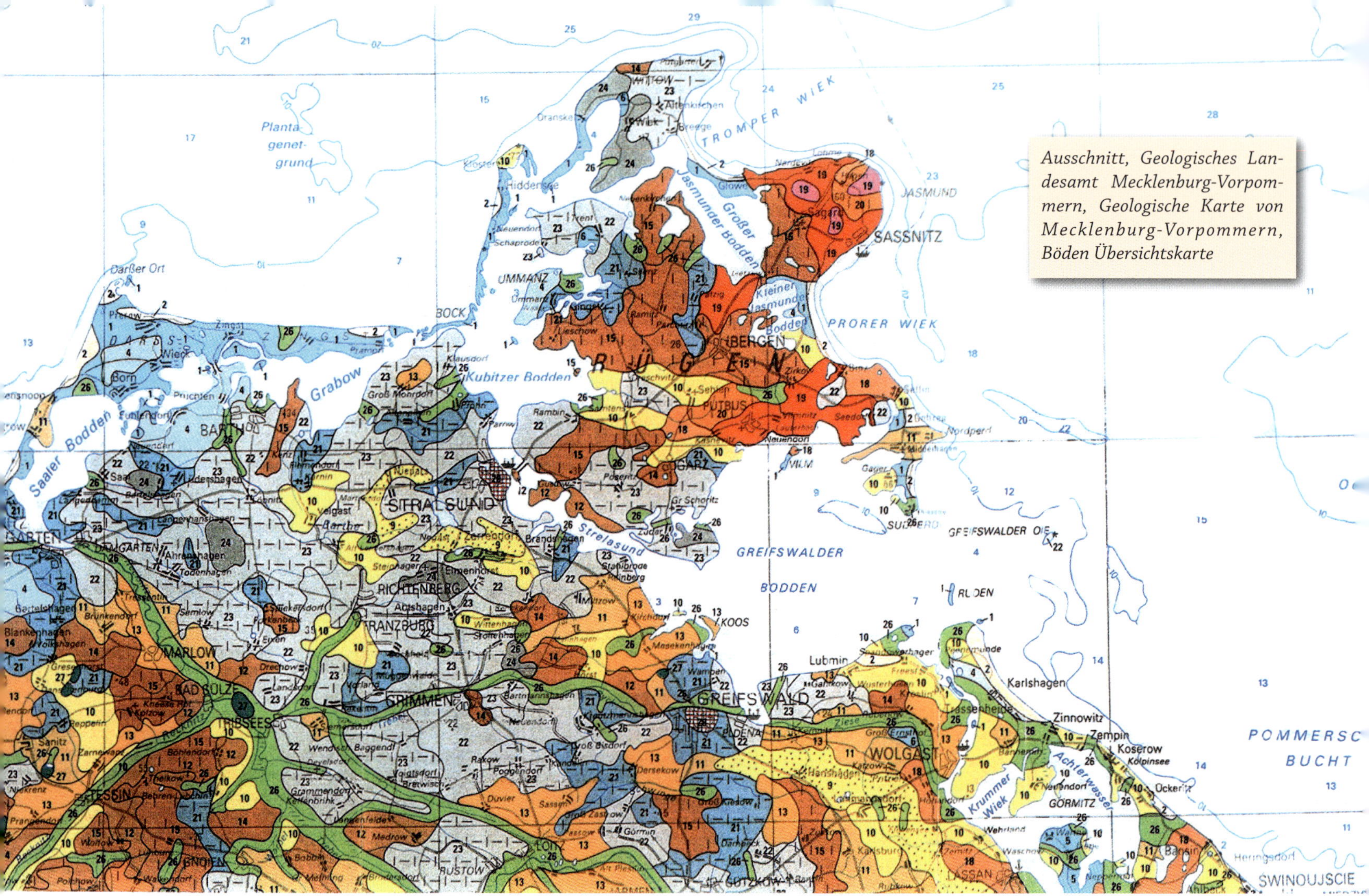

Ausschnitt, Geologisches Landesamt Mecklenburg-Vorpommern, Geologische Karte von Mecklenburg-Vorpommern, Böden Übersichtskarte

Aus den Darstellungen der heute noch vorhandenen Fließgewässer und der Verlandungsbereiche im Binnenland ergibt sich das Bild eines relativ dichten Netzes schiffbarer Wasserläufe mit Anschluss an die Küstengewässer. Zwischen den heute noch mit Booten befahrbaren Flüssen Recknitz, Trebel und Peene sowie den Boddengewässern befanden sich m. E. folgende Wasserläufe, die in der Slawenzeit als Wasserwege genutzt werden konnten (siehe Karte „Küstenlinien, Wasserläufe, Burgwälle und Handelszentren zwischen Recknitz und Swine um das Jahr 1000“):

- die Barthe vom Borgwallsee bis zum Barther Bodden;
- vom Borgwallsee über die Verbindung zum Pütter See, einen Graben bei Pantelitz und den Bach, der bei Prohn in den Prohner See mündet;
- vom Pütter See über Freienlande und Grünhufe in die später aufgestauten Stralsunder Stadtteiche; bei Freienlande gab es auch eine Verbindung zum vorstehend genannten Bach mit Einmündung in den Prohner See, die Prohner Wiek (siehe auch „Eine accurate Karte von Pomeren,...“ von Joh. Himmerich, Amsterdam, um 1720);
- vom Borgwallsee über Lüssow in die Stralsunder Stadtteiche;
- vom Krummenhagener See über einen Bach bei Seemühl zum Borgwallsee; (siehe auch Karte „LE DUCHEE DE POMERANIE...“ von Nicola Sanson, 1676; der Krummenhagener See wird dort als „Molensee“ / Mühlensee bezeichnet wie auch in der Karte „MARCHIONATUS BRANDENBURGENSIS DUCATUS POMERANIAE ET DUCATUS MECKLENBURGICUS“ von Tobias Conrad Lotter, Augsburg 1760);
- vom Krummenhagener See (der vor 1000 Jahren viel größer war) über heute nicht mehr durchgehend vorhandene Bäche und Gräben:
    - über Wendorf und Voigdehagen zum Strelasund bei Andershof, (siehe „Eine accurate Karte von Pomeren, ...“),
    - über Zarrendorf und Teschenhagen zum Strelasund bei Devin,
    - über Zarrendorf, Ahrendsee und Groß Miltzow zum Strelasund; (siehe auch „Eine accurate Karte von Pomeren, ..“);
- von der Barthe über den Hohe Birkengraben und kleinere noch vorhandene Gräben bei Franzburg zum ehemaligen Richtenberger See, von dort über die Blinde Trebel zur Trebel bei Tribsees; (siehe auch „Eine accurate Karte von Pomeren, ..“);

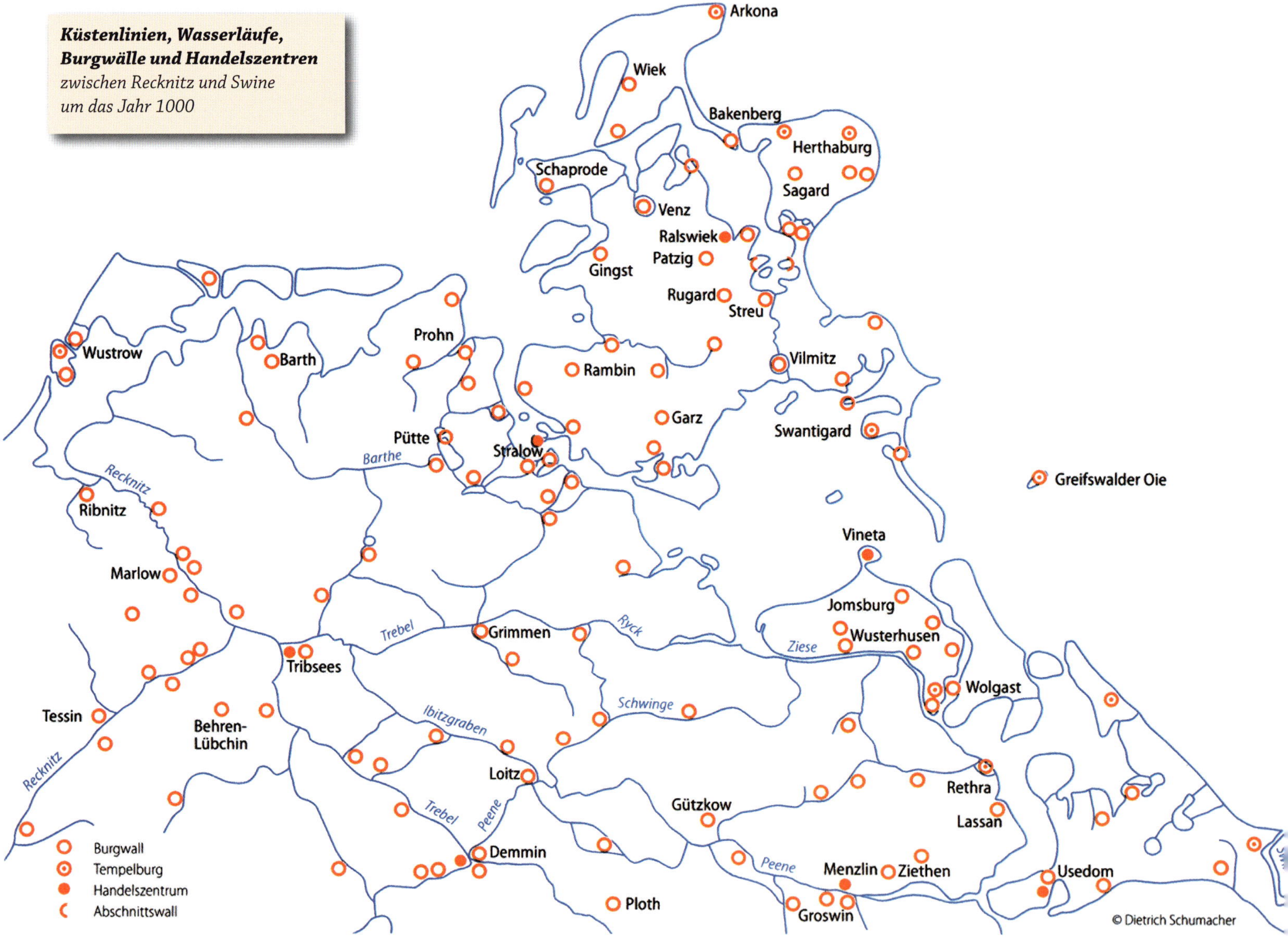

Küstenlinien, Wasserläufe, Burgwälle und Handelszentren
zwischen Recknitz und Swine um das Jahr 1000

- von der Trebel bei Tribsees zur Recknitz bei Bad Sülze;
- die Trebel von Tribsees bis Grimmen;
- von Grimmen der Schwedengraben, Ryckgraben und Ryck bis zur Dänischen Wiek bei Eldena;
- der Ibitzgraben zwischen der Trebel bei Siemersdorf und der Peene bei Loitz;
- die Verbindungen Brückengraben und Burggraben zwischen Ibitzgraben und Trebel;
- die Ziese zwischen Dänischer Wiek und Peenestrom;
- von der Ziese über Kemnitz, Hanshäger Bach, über die Grabensysteme und Moorbereiche zwischen Groß Kiesow und Grubenhagen, über die Schwinge zur Peene bei Loitz;
- Graben, zur Slawenzeit Crusniz genannt, zwischen dem Ryckgraben bei Willershusen und der Schwinge bei Pustow;
- Verbindung vom Peenestrom / Achterwasser bei Rethra (Bauerberg) über den Bredowbach, den Scheidegraben, über Steinfurth, über Ranzin und die Swinow zur Peene bei Gützkow;
- vom Bredowbach ausgehend über den Scheidegraben, ein Grabensystem bei Lühmannsdorf, durch den Wald bei Jägerhof und über den Mühlbach bei Lodmannshagen zur Ziese.
- Anzunehmen ist auch eine Verbindung vom Mühlgraben (zwischen Ahrendsee und Groß Miltzow) über Hildebrandshagen zur Beek bei Stoltenhagen, über die Kronhorster Trebel zur Trebel bei Grimmen.

Neben diesen Wasserwegen zwischen den Boddengewässern und den Flüssen werden auch folgende, noch heute bestehenden Bäche eine wichtige Funktion im Wasserverkehrsnetz der Slawen erfüllt haben:

- der Saaler Bach, der in den Saaler Bodden mündet;
- der Prohner Bach, der in die Prohner Wiek mündet;
- die Krohnhorster Trebel, die bei Grimmen in die Trebel mündet.

Auf Rügen konnten außer den Boddengewässern folgende heute noch vorhandenen Vorfluter-Netze in der Slawenzeit als Schifffahrtswege genutzt werden:

- Bach vom Kleinen Jasmunder Bodden durch Saiser (im Preußischen Urmeßtischblatt „Wodding“ genannt) zum Großen Wostewitzer Teich, Bach zwischen den Teichen, über den Kleinen Wostewitzer Teich und einen Bach zur

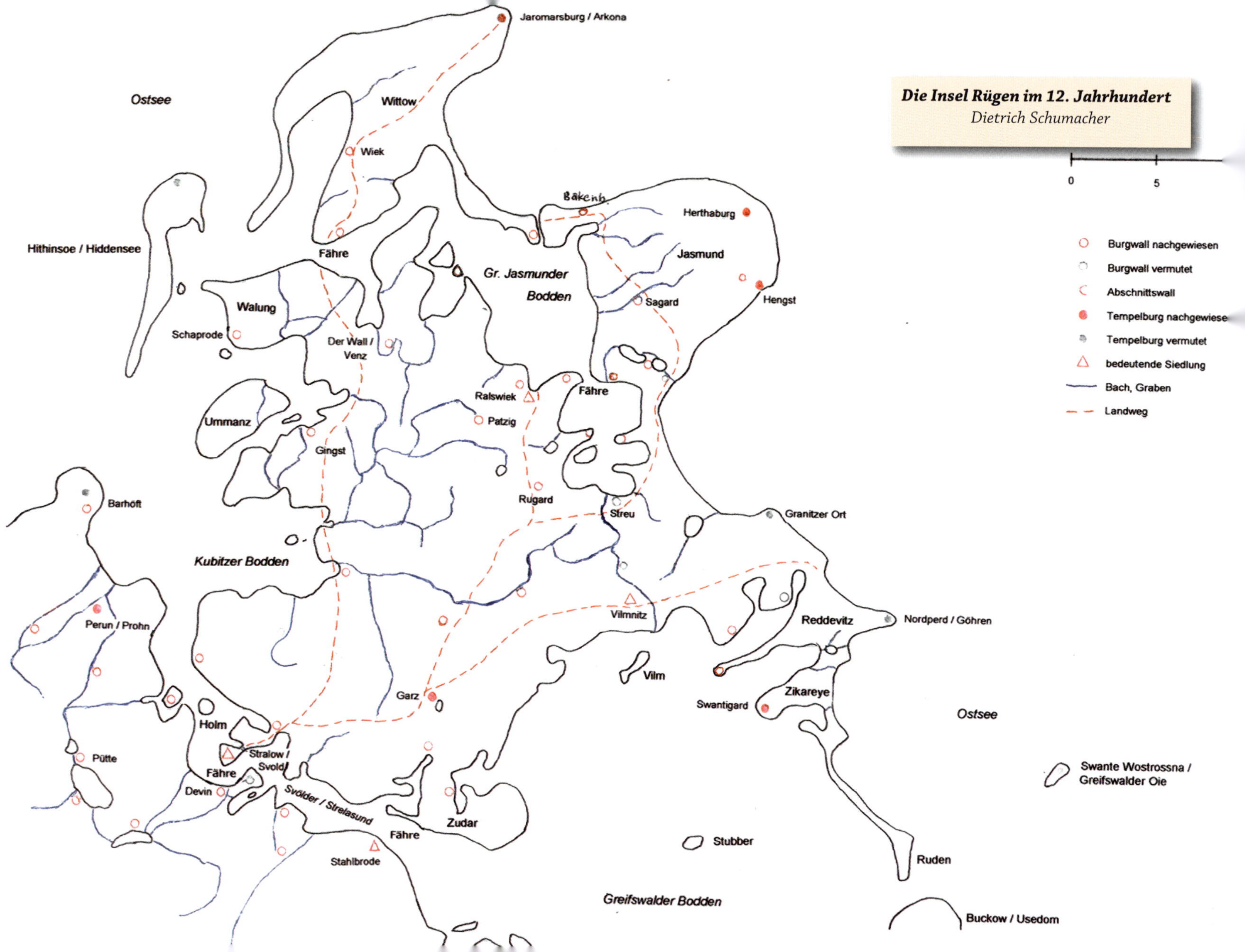

Die Insel Rügen im 12. Jahrhundert
Dietrich Schumacher
0
5
Burgwall nachgewiesen
Burgwall vermutet
Abschnittswall
Tempelburg nachgewiese
Tempelburg vermutet
bedeutende Siedlung
Bach, Graben
Landweg
Jaromarsburg / Arkona
Ostsee
Wittow
Wiek
Hithinsoe / Hiddensee
Fähre
Herthaburg
Jasmund
Gr. Jasmunder
Bodden
Hengst
Sagard
Walung
Schaprode
Der Wall /
Venz
Ralswiek
Fähre
Patzig
Ummanz
Gingst
Barhöft
Rugard
Streu
Granitzer Ort
Kubitzer Bodden
Perun / Prohn
Vilmnitz
Reddevitz
Nordperd / Göhren
Vilm
Garz
Swantigard
Zikareye
Ostsee
Holm
Pütte
Stralow /
Svold
Fähre
Devin
Svölder / Strelasund
Zudar
Fähre
Stahlbrode
Stubber
Ruden
Swante Wostrossna /
Greifswalder Oie
Greifswalder Bodden
Buckow / Usedom

Prorer Wiek bei Neu Mukran (dieser Wasserweg ist im Preußischen Urmeßtischblatt noch zu erkennen);
- Mühlbach (der bei Streu / Trips in den Kleinen Jasmunder Bodden mündet) in Verbindung mit dem Graben-System um Vilmnitz, das bei Freetz in den Greifswalder Bodden mündet;
- Sehrowbach, der in die Priebowsche Wedde am Kubitzer Bodden mündet;
- Duwenbeek vom Nonnensee bei Bergen bis zur Einmündung in den Koselower See bei Kluis.

Südlich des Peenestroms sind folgende ehemalige Wasserwege noch zu erkennen:
- Verbindung vom Peenestrom / Achterwasser bei Rethra (Bauerberg) über den Bredowbach, den Scheidegraben, über Steinfurth, über Ranzin und die Swinow zur Peene bei Gützkow;
- vom Bredowbach ausgehend über den Scheidegraben, ein Grabensystem bei Lühmannsdorf, durch den Wald bei Jägerhof und über den Mühlbach bei Lodmannshagen zur Ziese.

Die kleinen Bäche konnten auch bei niedrigem Wasserstand als Verkehrswege genutzt werden, da es einfacher war, flachgehende Boote über nasses Gelände zu ziehen als durch die Wälder zu fahren. Über die vereisten Gewässer konnten die Waren mit Schlitten transportiert werden. Auch für Transporte auf den Landwegen wurden wohl überwiegend niedrige Schlitten (statt Wagen) genutzt, da sie einfacher herzustellen und zu beladen waren. Solche Schlitten waren noch in meiner Jugendzeit im Gebrauch, um landwirtschaftliche Geräte (z. B. Pflüge oder Eggen) mit Pferden zu transportieren.

Nach dem Bericht von Jochen von Fircks /3/ über den Nachbau eines slawischen Bootes aus dem 10. Jahrhundert, dessen Wrack bei der ehemaligen Handelssiedlung Ralswiek gefunden wurde, hatten seegängige Boote einen Tiefgang von etwa 35 cm (leer, mit Mast, Segel und Ballast) bis 45 cm (mit 1,25 t Last) bei einer Länge von 9,05 m und einer Breite von 2,54 m. D. h. bei den auf Bächen verwendeten Booten, die wahrscheinlich kleiner waren und keinen Mast und kein Segel hatten, können geringere Tiefgänge angenommen werden. Auf schmalen Bächen, auf denen wegen ihrer geringen Breite nicht gerudert werden konnte, wurden die Boote durch Treideln (Pferde, die im Bach oder auf dem Ufer liefen, zogen die Boote) oder durch Staken bewegt.

Jochen von Fircks,
Der Nachbau eines altslawischen Bootes, Lübstorf 1999

Literaturverzeichnis

/1/ Geologisches Landesamt Mecklenburg-Vorpommern, Geologische Karte von Mecklenburg-Vorpommern Übersichtskarte 1: 500 000

/1.1/ - Böden - , 1. Auflage, Schwerin 1995

/1.2/ - Oberfläche - , 1. Auflage, Schwerin 1994

/1.3/ - Verbreitung der unter Quartär anstehenden Bildungen mit Tiefenlage der Quartär-Basis - , 1. Auflage, Schwerin 1996

/2/ Ministerium für Bau, Landesentwicklung und Umwelt Mecklenburg-Vorpommern, Generalplan Küsten- und Hochwasserschutz Mecklenburg-Vorpommern, Schwerin o.D.

/3/ Jochen von Fircks, Der Nachbau eines altslawischen Bootes. Lübstorf 1999

Der Burgwall von Arkona – *bedeutendes Heiligtum slawischer Stämme im südlichen Ostseeraum, aus: Hans D. Knapp „Rügens frühe Geschichte", Rügendruck gmbh Putbus 2013*
Luftbild: Hans D. Knapp

Slawische Burgwälle in Nordvorpommern

Nach der Abwanderung germanischer Stämme im Zuge der Völkerwanderung zogen im 7. Jahrhundert Slawen aus dem Osten auch in das heutige Vorpommern. Neben der Nachnutzung bronzezeitlicher Burgwälle, z. B. bei Ralswiek oder auf der Halbinsel Jasmund, wurden von den Slawen Burgwälle errichtet als religiöse Zentren (z. B. Tempelburg Arkona), als Fluchtburgen, als Burgen zur Überwachung von Schifffahrtswegen oder als Verwaltungs- und Fürstensitze (z. B. Rugard bei Bergen).
Eine Besonderheit an der vorpommerschen Küste sind die slawischen Tempelburgen, deren bekanntestes Beispiel der Burgwall für den Gott Swantevit am Kap Arkona auf der Halbinsel Wittow / Rügen ist.
In der slawischen Religion hatten herausragende Landschaftsteile eine besondere Bedeutung, u. a. hohe Berge an der Küste und kleinere Inseln. Im heutigen Vorpommern boten sich herausragende Hochuferbereiche als Standorte für die Tempelburgen an. Die höchsten Steilküstenbereiche einer Landschaft (Insel oder Halbinsel) hatten eine eindrucksvolle Umgebung für die Götterverehrung. Die Tempelanlagen waren Landmarken für die Schiffahrt der Slawen und gleichzeitig Zeichen zur Abschreckung von Feinden. Sie waren günstig gegen Feinde zu verteidigen. Wenn sie direkt am Steilufer lagen, konnte man auf der Uferseite auf den Bau eines Burgwalls verzichten. Einen Eindruck von der aufwendigen Gestaltung des Walles einer Tempelburg gibt die Rekonstruktionszeichnung der Tempelburg am Kap Arkona.

***Tempelburg Kap Arkona**, Rekonstruktionsversuch der zweiteiligen Burg des 9. und 10. Jh. (umgezeichnet nach W. Petsch, G. Martiny 1939) aus Achim Leube „Die slawische Tempelburg Arkona auf Rügen“ in: „Archäologische Denkmale und Umweltgestaltung“, herausgegeben von Joachim Herrmann, Akademie-Verlag Berlin, 1981*

Von den mehr als 20 m über den Meeresspiegel herausragenden Standorten konnten weite Küstenabschnitte beobachtet werden.
Wegen des starken Küstenrückgangs an den Hochuferbereichen sind einige der vor etwa 1300 Jahren an den damaligen Küsten errichteten Burgwälle mit Tempelanlagen heute nicht mehr auffindbar.
Ausgehend von der topografischen Situation und der zur Küstenüberwachung erforderlichen Dichte von Beobachtungsanlagen nimmt der Verfasser folgende Bereiche im nördlichen Vorpommern als Standorte von Tempelburgen an (siehe Karte „Küstenlinien, Wasserläufe, Burgwälle und Handelszentren zwischen Recknitz und Swine um das Jahr 1000“):

- Bei Ahrenshoop-Althagen auf dem Fischland: die **Tempelburg Swante Wustrow** lag auf dem höchsten, dem nordwestlichen Teil der ehemaligen Insel, der durch Küstenrückgang in der Ostsee verschwunden ist (siehe Kapitel „Swante Wustrow – Zur Lage der Tempelburg und zur Geschichte des Fischlandes“);
- **Barhöft**: das fast 20 m über dem Wasserspiegel aufragende Kap beherrschte die Einfahrt in die westrügenschen Boddengewässer, in den Strelasund sowie in die Boddenkette zwischen Barth und Ribnitz; bisher gibt es weder Funde noch andere Hinweise auf eine Burg an diesem Platz;
- **Dornbusch auf Hiddensee**: auch hier gibt es keine Funde oder alte Schriftstücke, die meine Vermutung bestätigen; ähnlich wie Swante Wustrow wird die Tempelanlage bereits in der Slawenzeit oder im frühen Mittelalter in der Ostsee versunken sein; Hans-Joachim Stoll /1/ erwähnt die Vermutung, dass sich auf dem Swantiberg einst ein slawisches Heiligtum befunden haben könnte;
- **Arkona auf der Halbinsel** (vor 1000 Jahren Insel) **Wittow**; ein Teil dieser Anlage, die dem Gott Swantewit gewidmet war, (siehe Abbildung zur Rekonstruktion der Tempelburg) kann heute noch besichtigt werden; der größere Teil ist bereits im Meer versunken; der Tempel des Swantevit war bis zu seiner Zerstörung durch die Dänen im Jahre 1168 100 Jahre lang das wichtigste Heiligtum der Slawen im heutigen Vorpommern nach der Zerstörung der Tempelburg Rethra (siehe Kapitel „Standort der Tempelburg Rethra“);
- **Bakenberg** (Höhe 23,3 m): **am Küstenabschnitt Swentekahs** (Swantigard = heilige Burg) bei Ruschwitz (Gemeinde Glowe/Rügen); von hier konnte die Tromper Wiek im Verbund mit Arkona gut beobachtet werden; der ehemalige

Burgwall konnte mit der Wünschelrute geortet werden; bei Ruschwitz endete einer der ehemaligen frühmittelalterlichen rügenschen Landwege;

- **Königsstuhl auf der Halbinsel Jasmund**; A. Haas /2/ nimmt an, dass der Königstuhl (der vor 1000 Jahren eine viel größere Fläche besaß) wegen seiner hervorragenden Form eine wichtige Tempelburg auf Jasmund war;
- **Hengst bei Sassnitz**; diese heute noch erkennbare Wallanlage an der Küste wurde von Lisch (nach A. Haas /2/) als Tempelanlage zu Ehren des Gottes Pizamar angesehen;
- am **Ostseeufer der Granitz** zwischen Binz und Sellin hat der Chronist Johann Jacob Grümbke um 1800 (nach A. Haas /2/) noch an drei Stellen Reste von Burgwällen gesehen: am Silvitzer Ort, am Granitzer Ort und am Schanzenort; die Wallreste am Schanzenort sind heute noch zu erkennen; der Granitzer Ort hat die hervorragendste Lage; deshalb könnte hier der Standort einer Tempelburg vermutet werden (durch den starken Küstenrückgang heute in der Ostsee zu suchen);
- das **Nordperd bei Göhren**; an dieser weit ins Meer vorschießenden hohen Landzunge nimmt A. Haas /2/ eine Tempelburg an, deren Standort heute in der Ostsee liegt;
- das **Südperd bei Thiessow**, Höhe 35,6, Lotsenberg, ist wegen seiner hervorragenden Lage sehr gut als Standort für eine Burg geeignet; auf der Nordseite ist auf ca. 300 m Länge eine Landwehr zu erkennen (siehe auch Ortsakten /3/);
- **Westküste des Teils von Mönchgut**, auf dem die Orte Gager und Groß Zicker liegen; der Küstenabschnitt und Berg, der in den heutigen Karten auf dem Zickerschen Höft als „Swentekahs" bezeichnet wird, ist im Preußischen Urmeßtischblatt „Swantigard" /PUMB 1648/ (d. h.: Heilige Burg) genannt; der Berg an der Küste hat nach drei Seiten sehr steile Hänge und war dadurch sehr gut zu verteidigen; er könnte als Tempelanlage des Landes Zicker bzw. der ehemaligen Insel Zicker (in den Berichten der Wikinger „Zikareye" oder „Tikarey" genannt, siehe /4/) gedeutet werden; der Standort der Burg wurde durch Begehung mit der Wünschelrute geortet;
- **Greifswalder Oie**; diese Insel wird in alten Urkunden, z. B. bei der Stadtrechtsverleihung an Wolgast durch Herzog Bogislaw IV. von Pommern im Jahre 1282 (nach Axel Dietrich /5/), als „Swante Wostrossna" bezeichnet, wegen die-

Slawen beim Bau einer Inselburg (10. Jahrhundert) /25/

ses Namens und der besonderen Lage der damals viel größeren Insel kann man sie nach Hermann Heinz Wille /6/ als Standort einer Tempelburg ansehen; auch hier sind wegen des extremen Küstenrückgangs keine Spuren erhalten;

- **Tempelburg des Gottes Triglaff auf dem Streckelsberg bei Koserow** auf Usedom (nach Hermann Heinz Wille /6/); auch hier liegt der Standort des ehemaligen Tempels in der Ostsee;
- **Golm bei Kaminke** auf Usedom (nach Hermann Heinz Wille /6/); diese Wallanlage auf einem 69 m hohen Berg stammt nach den archäologischen Funden wahrscheinlich bereits aus der Bronzezeit; da er relativ weit von der Ostseeküste entfernt liegt, ist es zweifelhaft, ob diese Wallanlage einen slawischen Tempel beherbergte.
- Weil die vorstehend genannten Tempelburgen im Durchschnitt von einander etwa 20 km Luftlinie entfernt lagen, kann auf den Höhen **im Bereich Ahlbeck/Korswandt** in der Nähe des damaligen Meeresufers eine Tempelburg vermutet werden; aus strategischen Gründen ist es wahrscheinlich, dass die in diesem Bereich zu vermutende Tempelburg auf dem Kalkberg (östlich der deutsch-polnischen Grenze) lag; von hier aus konnte auch das breite Tal der Swine beobachtet werden; der Höhenzug am Zirowberg war vor 1000 Jahren von Gewässern und Mooren umgeben und konnte deshalb gut verteidigt werden; ein ehemaliger Burgwall konnte auf dem Kalkberg, Höhe 53, mit der Wünschelrute nachgewiesen werden.
- Die bedeutendste Tempelanlage für den slawischen Stammesverband der Wilzen war bis zu ihrer Zerstörung im Jahre 1068 der **Tempel des Gottes Svarozic in der Burg Rethra** (siehe Kapitel „Standort der Tempelburg Rethra"). Diese Tempelburg wird von Wolfgang Hornemann /7/ auf dem Bauerberg am Peenestrom zwischen Wolgast und Lassan vermutet. Bei einer Begehung durch einen Wünschelrutengänger wurden dort Hinweise auf die ehemaligen Burgwälle und Brücken gefunden. Die Burganlage auf einer ehemaligen Insel mit einer etwa 20 m hohen Steilküste am Peenestrom gegenüber dem Achterwasser hatte eine ähnlich eindrucksvolle Lage wie die Tempelburgen an der Ostseeküste.

Weitere Tempelanlagen befanden sich in oder bei den Burgen der fürstlichen Landesherren:

- Eine bedeutende Tempelburg war **Garz auf Rügen**. In dieser Wallburg, die auch heute noch wegen ihrer Größe beeindruckt, wurden die Götter Rugiavit, Porevit und Porenut verehrt (nach Wolfgang Rudolph /8/). Gleichzeitig war Garz einer der Hauptsitze der Rügenschen Fürsten. Der Ortsname „Garz" bedeutet „Burg". Die Burg war über den Garzer

See und die Beek, die zwischen Dumsevitz und Altkamp in den Greifswalder Bodden mündet, mit Booten erreichbar; siehe Karte „Insel Rügen“, VEB Landkartenverlag Berlin.

- Auch die **Herthaburg auf Jasmund** war nach Ansicht von A. Haas /2/ eine Tempelburg, in der der Gott Tjarnaglofi verehrt wurde.
- In der **Burg Prohn** des Fürsten von Rügen soll der Gott Parun verehrt worden sein.
- Eine weitere bekannte Tempelburg lag bei dem **Fürstensitz Gützkow an der Peene**.
- Adam Greschovius /9/ schreibt, dass in **Loitz** zu „Hellmolds Zeiten“ (Helmold von Bosau verfasste um 1170 die „Chronica Slavorum“), ein Götzentempel für Radegast gewesen sei.
- Auch in **Wolgast** befand sich eine Tempelburg, dem Gott Borovit (Gerovit) geweiht (nach /10/), sowie eine Fürstenburg auf einer Insel im Peenestrom.

Außer den bereits genannten Tempelburgen gab es folgende Burgwälle:

Burgwälle auf der Insel Rügen:

- **Burgwall bei Wiek / Wittow**, war nach Haas /2/ Mittelpunkt des Gardvogtei-Bezirks der damaligen Insel Wittow und schützte den Hafen Wiek;
- am **Kontoper Haken** (Höhe 4,0) / Wittow ist nach den Funden auf den Fundplätzen Parchow 22 und 23 und auf der Grundlage eines Luftbildes /3/ ein Burgwall zu vermuten; diese Anlage kontrollierte den Schiffsverkehr auf dem Breetzer Bodden;
- Burgwall am **Waller Ort bei Glowe**, überwachte die südliche Einfahrt der ehemaligen Wasserstraße zwischen dem Großen Jasmunder Bodden und der Tromper Wiek, ist in den Ortsakten vermerkt, wurde mit der Wünschelrute nachgewiesen;
- Burgwall **Capelle** (heute Teil der Ortslage Sagard); A. Haas /2/ vermutet hier den Sitz des Gardvogts von Jasmund und nimmt an, dass die Ortsbezeichnung daher rührt, dass im Zuge der Christianisierung bei den Gardvogteisitzen und den Fürstenburgen Kapellen oder Kirchen errichtet wurden, wie für Bergen, Garz, Wiek, Gingst, Schaprode, Streu (am Kleinen Jasmunder Bodden) und Patzig nachgewiesen wurde; die Burg schützte den Übergang über den Sagarder Bach;
- Burgwall **östlich von Lietzow**, am Westende des bewaldeten Höhenzuges (im Preußischen Urmeßtischblatt „Buddelin“ genannt) am Nordrand des Kleinen Jasmunder Boddens, östlich des Baches (im Preußischen Urmeßtischblatt „Wodding“ genannt) zum Großen Wostevitzer Teich; dieser Burgwall kontrollierte die in der Slawenzeit schiffbare Verbindung vom Kleinen Jasmunder Bodden über die Wostevitzer Teiche zur Prorer Wiek; er wurde mit der Wünschelrute geortet;
- Burgwall auf einem Hügel (im Preußischen Urmeßtischblatt „6 Morgenberg“ genannt) **bei Staphel**, südlich des Baches zwischen dem Großen und dem Kleinen Wostevitzer Teich; wegen der ungewöhnlichen Größe und der Lage zwischen Gewässern und Feuchtgebieten kann angenommen werden, dass dies eine Fluchtburg war; der ehemalige Burgwall wurde mit der Wünschelrute ausgemessen;

- bei **Neumukran** am Südrand der Halbinsel Jasmund ist eine Burg zu vermuten, die den slawischen Wasserweg zwischen den Wostewitzer Teichen und der Ostsee beim Übergang des Landweges von der Schmalen Heide nach Sagard schützte; eine Kennzeichnung im Preußischen Urmeßtischblatt /PUMB 1547/ im Bereich des Bakenbergs (Höhe 35,1) deutet auf Befestigungsanlagen hin; D. Jantzen vermutet in einer Kurznotiz in den Ortsakten /3/ eine Befestigung am Schanzenberg;
- Burgwall **auf dem Redelin** (Rödelin), Hügel beim Kuschwitzer Haken; der Hügel war wahrscheinlich begrenzt durch zwei schiffbare Verbindungen zwischen dem Großen Jasmunder Bodden und dem Tetzitzer See; der Wall wurde mit der Wünschelrute geortet;
- Burgwall **Patzig** auf einem der Heideberge (Höhe 55,6) im Wald südöstlich der Ortslage Patzig; der Sitz des Gardvogts; der Hügel konnte wegen der teilweise sehr steilen Hänge gut verteidigt werden; der Wall wurde mit der Wünschelrute nachgewiesen; der Ortsname „Patzig“ ist wohl aus dem pomeranischen Wort „pac“ für „fünf“ abgeleitet; südöstlich und östlich von Patzig befindet sich eine Kette von fünf Hügeln, auf dem größten und höchsten lag der Burgwall;
- Burgwall **nordöstlich von Kapelle bei Gingst**: an der Zufahrt vom Kapeller See zum Cavelin gelegen; er wurde mit der Wünschelrute nachgewiesen; wegen der geringen Größe wird dieser Wall nicht die für den Vogteibezirk Gingst gesuchte Burg gewesen sein; dafür kommt aus strategischen Gründen eher die Insel Urkevitz in Frage; dort bestand offenbar noch nach 1945 ein Gehöft mit dem Namen „Voigtdey“ (nach der Verkehrs- u. Wanderkarte „Rügen“, um 1950);
- Burgwall **im Park von Ralswiek** nach A. Haas /2/; diese Burg diente wohl dem Schutz der Handelssiedlung Ralswiek;
- Burgwall „Schlossberg“ **in den Schwarzen Bergen** nordöstlich von Ralswiek (siehe topografische Karte, PUMB 1546); von dieser Befestigungsanlage konnte sowohl die Zufahrt nach Ralswiek als auch der Schiffsverkehr zwischen dem Großen und dem Kleinen Jasmunder Bodden beobachtet werden;
- Burgwall **auf dem Tennberg** (Höhe 22) bei Stedar: Kap am Stedarhaken an der Verbindung zwischen dem südlichen und dem nördlichen Teil des Kleinen Jasmunder Boddens; der Bereich wurde mit der Wünschelrute erkundet; in diesem Waldgebiet sind noch Teile des ehemaligen Burggrabens erkennbar;

- „Burgberg“ (Höhe 39,9) und Abschnittswall (im Preußischen Urmeßtischblatt „Hohe Graben“ genannt), auf der **Halbinsel Thiessow** westlich der Schmalen Heide (in der topografischen Karte deutlich erkennbar); von diesem sehr großen Wall (eventuell bereits in der Bronzezeit angelegt) konnte in Verbindung mit dem gegenüberliegenden Tennberg der Schiffsverkehr zwischen dem nördlichen und dem südlichen Teil des Kleinen Jasmunder Boddens überwacht werden;
- **Streu am Südufer des Kleinen Jasmunder Boddens**; nach A. Haas /2/ gab es eine Gardvogtei Streu, deren Burgstandort er auf dem Kapellenberg bei Streu vermutet; dieser Bereich ist mit einem Gutshof überbaut, sodass die Wünschelrute nicht zum Einsatz kommen konnte; der Schriftsteller Grümbke soll im Jahre 1818 noch die Fundamente einer Kapelle am Strande in der Nähe des Gutshauses gesehen haben; Streu war der nördliche Endpunkt des slawischen Wasserweges vom Greifswalder Bodden bei Freetz zum Kleinen Jasmunder Bodden bei der Mündung des Karowbaches;
- Burgwall („Wallberg“) **bei Schaprode** /3/, diese Burg war nach A. Haas /2/ der Gard als Sitz des Vogts des Landes Walung (Wollung); Fred Ruchhöft nimmt auf der Grundlage einer Vielzahl wertvoller archäologischer Funde bei Streu (östlich von Schaprode) an, dass dort eine bedeutende slawische Handelssiedlung lag;
- der Wall **bei Venz**; dieser Burgwall ist wegen seiner enormen Größe (200 m lang,160 m breit) offenbar als Fluchtburg errichtet worden; der Wall inmitten feuchter Wiesen hat Höhen von 6 bis 12 m; (siehe topografische Karte und Ortsakten /3/); nach den Darstellungen zur Geschichte der Insel Rügen im Peilturm am Kap Arkona wird neuerdings angenommen, dass das in zeitgenössischen Überlieferungen genannte Karenz nicht (wie bisher angenommen) in Garz lag, sondern sich auf den Burgwall bei Venz bezog; danach soll hier die Schlacht der Dänen gegen die Rugier im Jahre 1165 stattgefunden haben;
- Wall **bei der einstigen Siedlung Dollahn** am Weg von Binz nach Lubkow; dieser heute mit Wald bestandene Platz ist im Preußischen Urmeßtischblatt /PUMB 1547/ von 1836 als Wallanlage gekennzeichnet; der Hügel ragt bis zu 13 m über das an drei Seiten anschließende Sumpfgebiet; er hat zum Teil sehr steile Hänge; da in der genannten Karte kein Baujahr erwähnt wird (wie vom 17. bis zum 19. Jahrhundert üblich), kann man davon ausgehen, dass der 150 m mal 200 m große Burgwall schon in der Slawenzeit bestand; da dieser Bereich von den DDR-Streitkräften als Übungsgelände genutzt wurde, ist er sehr verändert;

- Burg **Rambin**; A. Haas /2/ vermutet einen Burgwall als Verwaltungsitz der Gardvogtei Rambin; die von Haas aus einer alten Urkunde zitierten drei mittelalterlichen Rügenschen Landwege trafen sich am „Rodenkerker Berge"; (siehe auch Karte „RVGIA", um 1640 von Johannes und Cornelis Blaeu nach E. Lubin); demnach könnte eine slawische Burg zum Schutz der Landwege im Raum Rothenkirchen / Drammendorf / Rambin gelegen haben; in deren Nähe wurde im Zuge der Christianisierung eine Wegekapelle („Rote Kirche", heute „Rothenkirchen") errichtet; die Darstellung der in den Kubitzer Bodden mündenden Gewässer in alten Karten legt die Vermutung nahe, dass bei Rambin / Drammendorf in der Slawenzeit ein Hafen gelegen haben könnte; in Auswertung der topografischen Gegebenheiten und nach Besichtigung der örtlichen Bedingungen kann man zu dem Schluss kommen, dass der gesuchte Burgwall an der Stelle gelegen hat, auf der im Jahre 1334 das Kloster St. Jürgen gegründet wurde, d. h. am östlichen Ortsrand von Rambin; hier kreuzte einer der slawischen Landwege einen zum Kubitzer Bodden fließenden Bach; das Gelände der ehemaligen Gardvogtei könnte vom Rügenfürst für die Einrichtung des Klosters (das wohl für die Versorgung Hilfe bedürftiger Reisender gedacht war) zur Verfügung gestellt worden sein;
- Burg **Sappin** bzw. „Der Serpin" in der Nähe des Forsthauses Ketelshagen bei Putbus nach A. Haas /2/ und Ortsakten /3/;
- Burg **Klein Carow** östlich von Götemitz; diese Burg ist nur durch die Beschreibung von Hagenow bekannt; nach A. Haas /2/ und Ortsakten /3/;
- die Burg **Ralow am Kubitzer Bodden** wird nach A. Haas /2/ in Urkunden von 1290 und 1309 als Fürstenburg genannt; wegen ihrer strategisch günstigen Lage wird der Burgwall bereits im 12. Jahrhundert bestanden haben; siehe auch Ortsakten /3/;
- Burgwall **am Gelben Ufer nördlich von Altefähr**; siehe A. Haas /2/ und Ortsakten /3/;
- der ehemalige Wall auf der **Halbinsel Drigge** gehört zum Hafenort Stralow (Vorgängerstadt von Stralsund), den der Verfasser auf dem südlichen Teil der Halbinsel Drigge vermutet; (siehe Kapitel „Stralow / Svold, Schadegard, Stralsund");
- Burgwall **Krähenberg** (Schanzenberg) bei Gustow;

- Burgwall **Puddemin** nach A. Haas /2/ und Ortsakten /3/;
- Burgwall **Zudar** (siehe Ortsakten /3/ und PUMB 1746, „Wallberg“);
- Burgwall **am Glewitzer Ort**; im Preußischen Urmeßtischblatt /PUMB 1745/ ist auf der Halbinsel nordwestlich der Glewitzer Fähre eine Schanze eingetragen, die als Vorgänger einen Burgwall aus der Slawenzeit gehabt haben könnte; diese Burg überwachte die alte Fährverbindung zwischen Stahlbrode auf dem Festland (slawisch: „alte Fähre“) und der Halbinsel (damals eventuell eine Insel) Zudar sowie die Einfahrt in die Puddeminer Wiek;
- Burgwall **Gobbin an der Having** (siehe A. Haas /2/ Ortsakten /3/, PUMB 1647, topografische Karten);
- Wallanlage **auf dem Reddevitzer Höft** (Höhe 14,8); hier wurde mit der Wünschelrute ein ehemaliger Burgwall oder eine ehemalige Schanze nachgewiesen; vom hohen Steilufer am Westende der schmalen Halbinsel westlich von Alt Reddevitz konnte die Einfahrt vom Rügischen Bodden in die Hagensche Wiek und in die Having beobachtet werden.

Nicht alle vom Verfasser aus strategischen Erwägungen wegen der topografischen Situationen vermuteten ehemaligen Burgwälle konnten nachgewiesen werden:

- Kegelinberg am Gelmer Ort auf der Schaabe am Großen Jasmunder Bodden;
- Sylvin östlich von Neuenkirchen am Liddower Strom;
  Höhe 45,2 in den Banzelvitzer Bergen bei Groß Banzelvitz am Großen Jasmunder Bodden;
- Vilmnitz bei Putbus kann wegen der Landwehr am westlichen Ortseingang auf einem hohen Hügel, der in der Slawenzeit von Sumpf und Wasserwegen umgeben war, und wegen der geschichtlichen Bedeutung ein Handelsort gewesen sein, denn er lag in der Nähe des Greifswalder Boddens (gegenüber von Vineta auf dem Festland) und am Schifffahrtsweg vom Greifswalder Bodden zum Kleinen Jasmunder Bodden mit Verbindung nach Ralswiek.

Burgwälle zwischen Recknitz und Ryck:

Auf dem festländischen Teil des Fürstentums Rügen gab es außer den bereits genannten Tempelburgen folgende Burgwälle:

- Auf Fischland / Darß / Zingst: Schifferberg **bei Ahrenshoop** (/9/) zur Überwachung des Stroms als Verbindung zwischen der Ostsee und dem Bodden (allerdings schreibt Adam Greschovius /9/: „Arnshopa. Dieses war eine neu angelegte Stadt unweit Barth auf der sogenannten Insula Dartze gelegen; Es war daselbst ein schönes festes Schloß und Burg ... 1403 von den Rostockern zerstört"; d. h., es ist fraglich, ob diese Burg schon zur Slawenzeit bestand);
- Burg am Hafen von Wustrow (Hügel, auf dem die Kirche steht); siehe Kapitel „Swante Wustrow – Zur Lage der Tempelburg und zur Geschichte des Fischlandes", zur Kontrolle des Permins (Einfahrt von der Ostsee in den Saaler Bodden) und der Fährverbindung zur Insel;
- Hertesburg am Prerowstrom (/3/, in PUMB 1541 als „alte Burgruine, Haselburg" bezeichnet);
- nordwestlich (am ehemaligen Katharinensee) und südlich (Alte Burg) der **Altstadt von Barth** (/3/, /PUMB 1642/);
- am Ostufer der Recknitz: m. E. **zwischen Damgarten und Pütnitz** an der Mündung der Recknitz in den Ribnitzer See / Saaler Bodden; bei Camitz (/3/); bei Pantlitz (/3/), bei Kavelsdorf (/3/);
- an der Barthe: **Divitz**, bei **Löbnitz** (/3/), durch Begehung mit der Wünschelrute bestätigt; m. E. bei Lendershagen; am Westufer des Borgwallsees (/3/);
- im ehemaligen Land Prohn: **Prohn**; bei **Barhöft** Höhe 30,2 im Wald westlich der Straße von Klausdorf nach Barhöft (mit der Wünschelrute bestätigt); bei **Altenpleen** (eine Wall-Darstellung in PUMB 1643) wurde durch Prüfung mit der Wünschelrute bestätigt); östlich **Schmedshagen**, nördlich der Straße Schmedshagen – Kramerhof, am Westufer des Baches in Richtung Groß Damitz (nach einer Darstellung auf dem Wanderkarten-Aufsteller in Barhöft); **Rauher Berg** zwischen der Höhe 10,9 und dem Weg Groß Kedingshagen – Schmedshagen, südlich des Baches (mit der Wünschelrute bestätigt);
- im ehemaligen Land Pütte: bei **Pütte** am Graben zwischen dem Pütter See und dem Borgwallsee (eine Wallanlage am Weg von Langendorf nach Pütte wurde durch Prüfung mit der Wünschelrute bestätigt); **zwischen Pütte und Zim-**

kendorf, im Norden und im Süden durch Bachläufe begrenzt (nach einer Darstellung auf dem Wanderkarten-Aufsteller in Barhöft);

- auf der Altstadt-Insel Stralsund auf dem **Katharinenberg** (von hier konnte der Schiffsverkehr, der vom Pütter See und von Prohn in die die Insel umgebenden Gewässer einfuhr, überwacht werden);
- am Krummenhagener See: m. E. bei **Seemühl** am Bach zwischen dem Krummenhagener See und dem Borgwallsee; m. E. am ehemaligen Abfluss vom Krummenhagener See in Richtung Voigdehagen (am Nordufer des Sees, zwischen Seemühl und **Wendorf**, Reste der Wallanlage sind noch erkennbar);
- südlich von Stralsund: m. E. in **Voigdehagen** (in Voigdehagen saß zu Zeiten der Gründung der Stadt Stralsund der für dieses Gebiet zuständige Vogt); **Zitterpennigshagen** (/3/); m. E. **Devin** (die Wallanlage konnte im Park von Devin am Steilhang zum Deviner Bach mit der Wünschelrute nachgewiesen werden; siehe auch die Urkunde vom 2.3.1314 /PUB V Nr. 2882/ ausgestellt „in curia Thevin"); auf einer ehemaligen **Insel im Deviner See**; **Niederhof**; Wälle bei **Brandshagen** (/3/, /PUMB 1745/); Burgwall Garchen/Gartsin/Gartscen (heute **Kowall** genannt) im Wiesengelände zwischen Kirchdorf und Kowall (/3/); m. E. **Richtenberg** zum Schutz der damals dort vorhandenen Saline (siehe Urkunde von 1231 des Rügenfürsten Wizlaw I., in der der Ort mit der Sülze an das Kloster Neuenkamp übergeben wird) und zur Kontrolle des Schifffahrtsweges von der Barthe zum Richtenberger See; **Schlossberg** bei Werder (/3/); **Grimmen** an der Poggendorfer Trebel; **Klevenow**; Burg **Guttin** bei Willershusen am Ryckgraben;
- am Ibitzgraben: **Wolthof, Gülzowshof**;
- an der Trebel: **Tribsees** /3/**, Nehringen**, **Kämmerwall bei Rodde** (/3/), **Siemersdorf** (/3/);

Burgwälle auf der Insel Usedom

Usedom (/6/, /3/); **Mellenthin** (/6/); **Neppermin** (/6/); **Stolpe** („Schloß Wallplatz“ nach dem Preußischen Urmeßtischblatt /PUMB 2051/, slawische Burg nach den Ortsakten /3/; L. Quandt /10/ nimmt an, dass dies die Vinborg war, die nach einer Saga im Jahre 1177 durch den Dänenkönig Waldemar bei seinem Kriegszug nach Groswin zerstört wurde); m. E. **Garz** (der slawische Name bedeutet „Burg“, in der Ortsakte wird über einen vermuteten Abschnittswall bei Garz berichtet; A. Greschovius schreibt: *„Gardis, ein berühmter Wohlweiser Flecken oder Städlein auff dem Lande Usedom, welches zu Zeiten Bischoff Ottonis in großem Flohr gewesen.“*); m. E. am **Weißen Berg** oder am **Höwt bei Lütow** (strategisch günstiger Standort an der Südspitze des Gnitz), m. E. am **Schanzenort** am Peenestrom bei Sauzin (wahrscheinlich war ein slawischer Burgwall der Vorgänger der im Preußischen Urmeßtischblatt dargestellten Schanze in strategisch günstiger Lage gegenüber von Wolgast).

Burgwälle im Land Wusterhusen

Im ehemaligen Land Wusterhusen (Land Vineta nördlich der Ziese) wurden folgende Burgwälle nachgewiesen: **Gustebin**, nordöstlich der Ortslage (mit der Wünschelrute nachgewiesen); Burgwall am Ziesetal bei **Rubkow** (in den topografischen Karten dargestellt); **Rauher Berg bei Karrin** (mit der Wünschelrute nachgewiesen); der eindrucksvolle **Burgberg bei Kröslin**; die Seefestung **Jomsburg** bei Spandowerhagen (mit der Wünschelrute lokalisiert, siehe Kapitel „Lage und Entwicklung des Landes und der Stadt Vineta“).

Burgwälle südlich der Ziese, zwischen Ryck und Peenegebiet

an der Schwinge: **Grubenhagen** (/3/), **Pustow** am Graben zwischen der Schwinge und dem Ryck (der nördliche Teil des Walles ist deutlich zu erkennen, der südliche Teil des Walles wurde mit der Wünschelrute nachgewiesen); **Blocksberg** (im Preußischem Urmeßtischblatt /PUMB 1945/ als Burgwall dargestellt und als „Knuschenberg“ bezeichnet) an der Straße von Sassen nach Zarrentin beim Übergang über die Schwinge (U. Schohknecht /3/ deutet den Namen als „Klüschenberg“ mit der Bedeutung „Wegsperre“), ein ehemaliger Wall wurde mit der Wünschelrute nördlich der bewaldeten ehemaligen Kiesgrube nachgewiesen.

Burgwälle im Peenegebiet

Am Peenestrom und in angrenzenden Gebieten liegen folgende ehemalige Burgwälle:
Schlossinsel bei Wolgast; **Zieseberg** an der Einmündung der Ziese in den Peenestrom; wahrscheinlich Burgwall bei **Karbow** (auf dem Großen Zwerg?); großer Burgwall bei **Wrangelsburg** / Jägerhof (siehe topografische Karten und /3/); Burgberg in **Lassan** (/3/); **Ziethen** (Hauptburg des Landes Ziethen, Standort bisher nicht gefundenen, siehe auch /7/); m. E. Pulow; **Rauher Berg** (Höhe 42,8) südwestlich **von Wehrland** (bei einer Begehung mit der Wünschelrute nachgewiesen) als Schutz auf dem Höhenweg (auf der Wasserscheide zwischen Brebowbach und Pulowbach) von der Tempelburg Rethra auf dem Bauerberg nach Gützkow; Burgwall bei **Murchin** am Nordrand der Niederung am Küchensee (Ergebnis einer Begehung mit der Wünschelrute) als Schutzanlage für den Übergang über den von Norden in den Küchensee einmündenden Bach des Landweges von Lassan über Murchin und Ziethen nach Menzlin und Gützkow; **Ulanenberg** (Höhe 33,2) bei Oldenburg (bei einer Begehung mit der Wünschelrute nachgewiesen); am Nordrand von **Steinfurth** zum Schutze einer Furt (mit der Wünschelrute nachgewiesen); **Holzberg** (Höhe 17,6) bei Zemitz (mit der Wünschelrute nachgewiesen); die drei letztgenannten Standorte liegen am Wasserweg von Gützkow zur Tempelburg Rethra; am Weg von Hanshagen nach Kessin, ca. 2,5 km nördlich von Kessin, südlich des Brandmühlengrabens (siehe PUMB 1974, bei einer Begehung mit der Wünschelrute nachgewiesen).
An der Peene und den einmündenden Bächen wurden bisher folgende Burgwälle nachgewiesen: **Demmin** (/11/), **Loitz**, südlich von **Vierow** am Hang des Peenetals (nach U. Schohknecht in der Ortsakte /3/), **Tutow** („Wall Berg" im Preußischen Urmeßtischblatt, Ortsakten /3/), **Gützkow** (/11/), **Priemen**, **Grüttow** (/3/, /11/, sehr viele wertvolle Fundstükke von Karl Rausch und Gerald Beyer). Die Burgen Priemen und Grüttow sowie die Orte Padderow und Wussentin gehörten nach H. J. Eggers /12/ zum Land Meseritz.
Beim Dorf Görke bei Anklam an der Einmündung des Stegenbachs in die Peene wurden nach Aussage der Ortsakten /3/ ungewöhnlich viele Reste von slawischen Waffen und Hausgerät sowie ein umfangreicher Münzschatz, aber keine Befestigungsanlagen gefunden. Die aus der topografischen Karte 1:10.000 ablesbare Geländestruktur führt zu der Annahme, dass die **Görkeburg** direkt am Rand des Peenetals, östlich der Einmündung des Stegebachs gelegen hat.

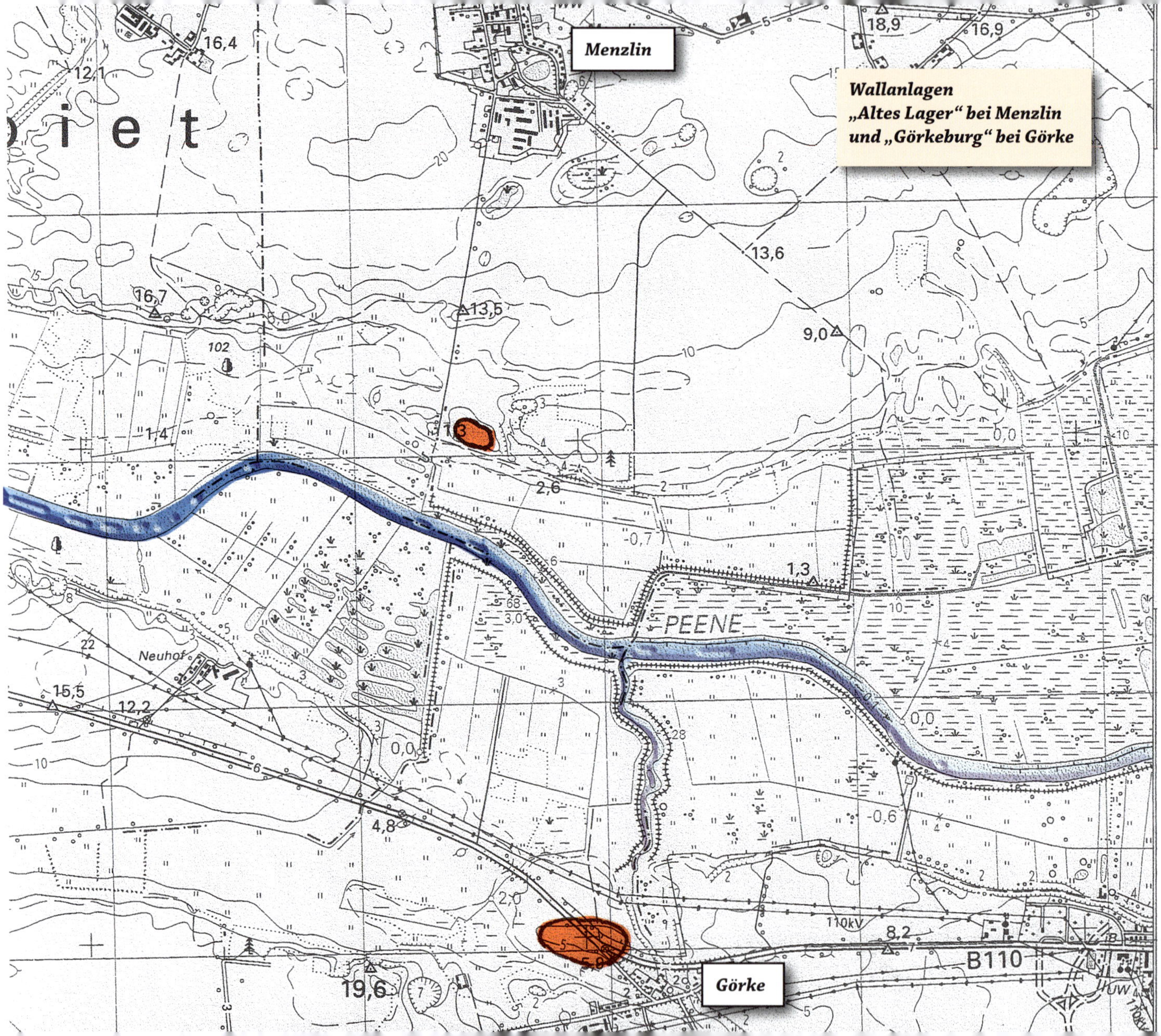
Menzlin
Wallanlagen
„Altes Lager“ bei Menzlin
und „Görkeburg“ bei Görke
PEENE
Neuhof
B110
Görke

Da an dieser Stelle bei einer Begehung mit der Wünschelrute keine Anzeichen für ehemalige Wallanlagen gefunden wurden, war der Hügel mit der Höhe 5,9, der von der B 110 nördlich von Görke, westlich des Stegebachs, durchschnitten wird, zu prüfen. Bei einer Begehung mit dem Wünschelrutengänger Hans-Peter Nehmzow konnte die Görkeburg auf diesem Hügel ermittelt und eingemessen werden. Der sehr große Burgwall hatte eine elliptische Grundform mit einer Ausdehnung von etwa 400 m in West-Ost-Richtung und etwa 160 m in Nord-Süd-Richtung. Im Preußischen Urmeßtischblatt /PUMB 2147/ wird eine Hofanlage an der heutigen B 110, allerdings östlich des Stegebachs, „Görckeburg" genannt. Entsprechend der Rekonstruktion der Küstenlinien (siehe Karte „Küstenlinien, Wasserläufe, Burgwälle und Handelszentren zwischen Recknitz und Swine um das Jahr 1000") kann angenommen werden, dass vor mehr als 1000 Jahren anstelle der heutigen feuchten Talwiesen an der Peene von Anklam bis zur Boddenkette (Achterwasser / Großes Haff) noch eine breite Wasserfläche (Mündungstrichter der Peene) war und dass bei der Mündung des Stegenbachs die Peenemündung lag. Damit kann m. E. die strategisch wichtige Lage von Görke als slawischer Burgort und des gegenüber liegenden wikingischen Handelsortes Menzlin an der via regia begründet werden.

Beispiel der praktischen Vermessung Wallanlage „Altes Lager" bei Menzlin mit der Wünschelrute:
(Gemeinde Ziethen, Landkreis Ostvorpommem, Gemarkung Menzlin)
Auf dem mehr als 5 m über HN aufragenden Hügel am Nordrand der Peenewiesen, am Weg von Menzlin zur Peene lag eine Wikingersiedlung. Die umfangreichen und wertvollen Funde zeigen an, dass diese Siedlung im 9. und 10. Jahrhundert ein bedeutender Produktionsstandort und Handelsplatz war.
Deshalb ist zu erwarten, dass mindestens ein Teil der bisher vermuteten Siedlungsfläche befestigt, d. h., von einem Wall umgeben war. Bisherige Prospektionen haben zu keinem Ergebnis geführt.
Bei einer vom Verfasser veranlassten Begehung mit der Wünschelrute durch Hans-Peter Nehmzow, Kemnitz, am 12.10.2006 (zufälliger Zeuge: Rainer Vanauer, Menzlin) konnte die vermutete Wallanlage auf dem Hügel östlich des genannten Weges gefunden werden.
Die mit dem GPS-Gerät (hier mit einer angezeigten Ungenauigkeit bis zu 3 m, aber aus den Messungen hervorgehenden

Ungenauigkeit von bis zu 1 m) erfolgte Einmessung der 11 mit der Wünschelrute ermittelten Wallquerschnitte ergab folgende Lage der Außenseiten des Walles:

nördlichster Punkt:	R 5409581 H 5972089
östlichster Punkt:	R 5409684 H 5972024
südlichster Punkt:	R 5409650 H 5971960
westlichster Punkt:	R 5409517 H 5972061

im Gauß-Krüger-Koordinatennetz.

Die Breite des ermittelten Wallquerschnitts beträgt 8 bis 9 m.

Der Wallinnenraum hatte also eine Breite von etwa 80 m in Nord-Süd-Richtung und eine Länge von etwa 150 m in Ost-West-Richtung. Der Grundriss des Walles ist aus der Karte Seite 34 zu entnehmen.

Wegen der paarweise, im Abstand von 8 bis 9 m angezeigten Messergebnisse und wegen der für Wallanlagen der Wikinger- und Slawenzeit charakteristischen Form scheinen andere Deutungen der Wünschelruten-Ergebnisse (ehemalige Wege, Leitungen) ausgeschlossen zu sein. Auch Befestigungsanlagen aus dem 17. Jahrhundert (siehe Karte „Belägerung und Eroberung der Vöstung Ancklam durch Ihro Churfürstl. Durchl. zu Brandenburg Anno 1676“) hätten eine andere Lage und Gestaltung.

Auf den Hügeln westlich des Weges von Menzlin zur Peene, die an 3 Seiten von feuchten Wiesen umgeben sind und deshalb als Standorte für Befestigungsanlagen gut geeignet wären, wurden mit der Wünschelrute keine Ergebnisse erzielt.

Die ältesten Funde im Bereich **Menzlin** stammen aus dem Jahr 721. Nach der Datierung weiterer Funde ging die Bedeutung von Menzlin als Handwerker- und Handelsort wohl im 11. Jahrhundert zurück. Im Pommerschen Landesmuseum Greifswald wird dargestellt, dass Menzlin um 700 gegründet wurde und über 250 Jahre Bestand hatte, d.h. bis etwa zum Jahr 1000. Es kann angenommen werden, dass die Herstellung von Schmuck, Gerätschaften und Waffen dann nach Nonnendorf im Land Wusterhusen (d. h. in das damalige Land Vineta) verlagert wurde. Rausch und Biermann /14/ haben dort für die Zeit von 1050 bis 1200 u. a. Metallfunde nachgewiesen. Am Standort Nonnendorf (in der

Slawenzeit Mylziz genannt) im Land Vineta war ein besserer Schutz vor Überfällen gegeben; in der Nähe der Handelsstadt Vineta konnte der Handel erfolgreicher abgewickelt werden und die gefundenen Materiealien für den Bootsbau; z. B. Eisenniete konnten günstig zum nahe gelegenen Bootsbauplatz bei Voddow geliefert werden. Im Zuge der vom Verfasser veranlassten Begehung mit der Wünschelrute durch Hans-Peter Nehmzow konnte nachgewiesen werden, dass der in den Ortsakten dokumentierte Siedlungsbereich auf dem Hügel östlich der Straße von Menzlin zur Peene von einem Wall umgeben war. Bei Menzlin am Nordufer der Peene wurde eine Straße ausgegraben, die zum Fluss führte. Die von Karl Rausch entdeckten hölzernen Reste der Straße stammen aus dem Jahre 721. Hier wird ein Hafen gewesen sein. Am gegenüberliegenden Ufer der Peene (bei Neuhof westlich der Mündung des Stegenbachs) fand Karl Rausch /3/ Reste eines befestigten Weges aus dem Jahre 821. Zu den unterwasser-archäologischen Untersuchungen des Brückenstandorts bei Menzlin siehe /15/. Noch in der Karte „Belägerung und Eroberung der Vöstung Ancklam durch Ihro Churfürstl. Durchl. zu Brandenburg Anno 1676“ wird der Weg von Menzlin nach Neuhof / Görke im Bereich der Peeneniederung besser ausgebaut dargestellt als die Trasse von Ziethen nach Anklam. In den Sagas /16/ wird im Zusammenhang mit dem gemeinsamen Kriegszug von Heinrich dem Löwen und Waldemar I. von Dänemark gegen die Slawen (insbesondere gegen die Pommmern unter Herzog Kasimir) mit der Belagerung von Wolgast und der Zerstörung von Demmin im Sommer 1164 berichtet: „ ... *besetzte er* (Waldemar) *die Burg* (Wolgast) *mit seinen Leuten und zog dann aus nach einem Fluss* (m. E. die Peene) *und zu einer Brücke über den Fluss, die Dunzarbrücke heißt*“. Die „Dunzarbrükke“ könnte nach dem polnischen Wort „Dunczyk“ = „Däne“ bei Menzlin (Handelsort der Wikinger / Dänen) gelegen haben. Der Name der Brücke könnte auch aus dem altnordischen „dunn“ = Schar, Trupp und „sar“ = tapfer, kühn abgeleitet werden. „*Am nächsten Morgen kam Herzog Heinrich von Grozar* (wahrscheinlich die in alten Berichten und Urkunden „Groswin“ genannte Burg bzw. das danach benannte Land) *und ging sofort zu König Waldemar an Bord*“. „*Am nächsten Morgen ruderte König Waldemar nach Stolpe*“, wo im Jahre 1153 das erste Kloster im heutigen Vorpommern gegründet worden war.

Im Jahre 1177 zog König Waldemar von Dänemark im 16. Wendenfeldzug nach Wolgast, Groswin und Demmin. Auch beim 21. Wendenzug im Jahre 1185 kamen die Dänen u. a. nach Groswin. Saxo Grammaticus berichtet: „*Nach dem er*

(Knut VI., König von Dänemark) *den Winter zuhause verbracht hatte, ist er in einem gewaltigen Feldzug die Swine zurück; Grotzwina hat er geschleift.*" /17/
Die Burg **Groswin** war der Sitz des Vogtes des Landes Groswin. Groswin wird bereits in der Urkunde vom 9.5.946 (PUB I Nr.10) zur Stiftung des Bistums Havelberg als „Brotwin" erwähnt.
Ob die oft erwähnte Burg Groswin bei dem heutigen Görke lag (wie Lutz Mohr /18/ vermutet) oder ob es der noch zu erkennende Burgwall Grüttin (siehe /3/ und /11) war, wurde von Experten unterschiedlich dargestellt. Die Häufung wichtiger Ereignisse – Tötung des Pommernherzogs Wartislav bei Grüttin bzw. Stolpe 1136 oder 1147, Gründung des Klosters Stolpe 1153 als erstes Kloster in Pommern (Ratibor I. errichtete *„das Kloster im Land Groswin namens Stolpe… am Ufer der Peene"* /19/ – begründen die Bedeutung des Bereichs Grüttin / Stolpe. Deshalb kann dem Hinweis im Preußischen Urmeßtischblatt /PUMB 2147/ gefolgt werden, der am südliche Peenetalhang, 2,5 km östlich von Stolpe vermerkt: *„Voss Bg" „Stelle der slavischen Festung Grosswin"*. In den Ortsakten gibt es Berichte über die Besichtigung dieser Stelle: Dieser Platz wird wegen der topografischen Situation als sehr günstig für die Anlage einer Burg eingeschätzt; von Gerald Beyer wurden kantige, verglühte Steine gefunden. Es ist damit anzunehmen, dass die genannte Stelle die Hauptburg des Landes Groswin war. Daniel Cramer /20/ schreibt: *„Großwin aber ist jetzt ein Wall nicht weit von Ancklam über die Landfehre nach Stolpe werts gelegen / und sol auff dem Ancklamischen Felde / noch Heut zu Tag ein Weg seyn / der die Großwinsche Straße oder Weg gennennet wird / da zuvor die Stadt Großwin gelegen gewesen"*. Adam Greschovius /9/ schreibt: *„Grosvien, eine zu Zeiten Ottonis berühmte Stadt in Pommern welche ohnweit von Anclam an der Peene soll gelegen haben.*" Nach dem Pomoranischen Wörterbuch /21/ bedeuten „gros" im Deutschen „Groschen, Geld" und „vinen" „zu zahlen, zu leisten haben, schuldig sein"; danach kann man annehmen, dass in Groswin die Abgaben aus dem Land Groswin eingezogen wurden; es kann auch als Zollstelle an der Peene gedeutet werden.
Nach dem Fall der Tempelburg Arkona und der Besetzung der Insel Rügen durch die Dänen im Jahre 1168 bauten die Pommernherzöge ihre Burgen in Demmin, Gützkow, Wostrosna, Wolgast, Usedom und Groswin aus. Nach H. J. Eggers /12/ gehörten zum Land Groswin u. a. die Siedlungen Görke, Stolpe und Nerdin. Der Chronist Matthäus Merian berichtet, dass *„im Pommerschen Krieg mit Dennemark der König Canutus* (Knut VI., König von Dänemark 1182 – 1202) *die feine*

Stadt Groswyn nit weit von Anclam gelegen 1183 im Grund verstört hat.“ /22/ Wann die Burg Groswin entgültig zerstört oder aufgegeben wurde, ist nicht bekannt. In einer Urkunde des Herzogs Barnim I. von Pommern vom 23.3.1234 (PUB I Nr. 304) wird „Jacobus castellanus in Grozwin“ als Zeuge genannt. In Urkunden vom 12.6.1326 von Herzog Otto I. von Pommern und vom 8.5.1331 vön Herzog Barnim III. wird das Land Groswin erwähnt.
Lutz Mohr hält es für möglich, dass in Stolpe vor der Christianisierung ein slawisches Stammesheiligtum bestand./23/ In Stolpe, in der Nähe der Hauptburg Groswin, kann der Tempel für das Land Groswin gestanden haben. Das Stammesheiligtum des Stammes der dort ansässigen Redarier war Rethra auf dem Bauerberg am Peenestrom. (/9/, /15/) Nach Friedrich Lorentz /90/ bedeutet das pomoranische Wort „Stolp“ „Säule“. (Im Vergleich: Die Stadt Stolp in Pommern heißt heute Slupsk; das polnische Wort „Slup“ bedeutet Pfosten, Pfeiler, Säule.). Alle Orte mit dem Namen Stolp oder Stolpe liegen in ehemals bzw. heute slawisch besiedelten Gebieten. Fast alle diese Orte befinden sich an Flüssen oder Küsten (z. B. Stolpe auf Usedom). Das könnte darauf hin deuten, dass die Säulen Grenzen oder Zollstationen anzeigten.
L. Quandt /10/ nimmt in einem Beitrag von 1844 an, dass die in alten Berichten genannte Slawenburg **Fuir**, die König Waldemar bei seinem Kriegszug nach Groswin im Jahre 1177 zerstört haben soll, bei der „Holzwärterei Förde“ gelegen hat. Im Preußischen Urmeßtischblatt sind zwischen Bargischow und Rosenhagen die bewaldeten Bereiche „Borg-Wald“ und „Die Förde“ dargestellt. Es kann angenommen werden, dass hier eine große Burg lag, die die Einfahrt in den damaligen Peene-Mündungstrichter überwachte. Da sie von Feuchtwiesen mit Gräben (eventuell damals Wasserflächen) umgeben war, konnte sie als gut geschützt gelten. Bargischow, das damals am Ufer der Peene lag, kann nach dem pomoranischen „bargovac“ für „bergen, das Strandgut in Sicherheit bringen“ (siehe /21/) mit den Sicherungsaufgaben der Burg Fuir in Verbindung gebracht werden.
Nach Urkunden aus dem 12. Jahrhundert kann man mit Horst-Diether Schroeder /7/ annehmen, dass westlich des Landes Meseritz das Land Ploth lag, das wie Groswin und Meseritz ein Teil des Stammesgebietes der Redarier war, die am Unterlauf der Peene lebten. Siehe auch /24/ Seite 23. Im Zusammenhang mit der Auswertung von Luftbildern und der schwedischen Matrikelkarte kann nach M. Hartmann und den Ortsakten davon ausgegangen werden, dass die Hauptburg des Landes **Ploth** bei der kleinen Ortschaft **Borgwall**, westlich des Dorfes Plötz lag.

Außer durch Wasserwege waren die wichtigsten Küstenorte (Häfen, Burgen) mit dem Hinterland und den bedeutendsten Handels- und Verwaltungszentren im Binnenland durch Landwege verbunden. Die Wege umgingen die Sumpfgebiete; sie führten möglichst auf den Höhenzügen (Wasserscheiden) zwischen den Einzugsgebieten der Flüsse und großen Bäche entlang. Notwendige Kreuzungen von Landwegen mit den Gewässern erfolgten an den Stellen, wo trockenes, höher gelegenes Gelände von beiden Seiten dicht an die Fließgewässer heranreichte.

Die Einmündungen der schiffbaren Wasserläufe in die Boddengewässer boten sich als Standorte für Häfen mit den erforderlichen Siedlungen und Verteidigungsanlagen an.

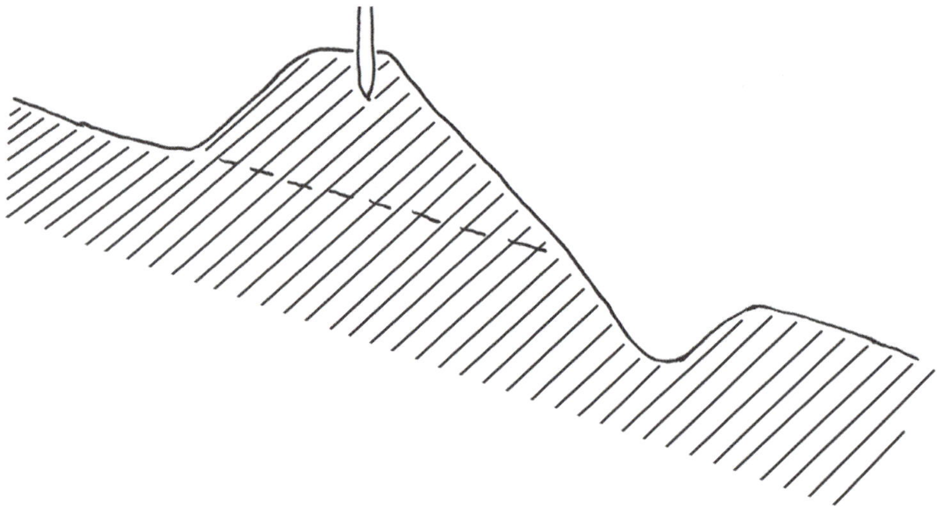

Schnitt durch einen einfachen Burgwall mit Palisade auf einem Hügel

Die meisten Burgwälle lagen an Gewässern, d. h. an den Boddenküsten sowie an Flüssen und Bächen. Hier dienten sie zur Überwachung des Schiffsverkehrs und zum Schutz der Häfen sowie auch zur Sicherung der die Gewässer kreuzenden Landwege. Denkbar ist, dass die Burgwälle an den kleineren Flüssen, an den Bächen und Gräben als Wechselstationen für die Treidelpferde dienten. An mehreren Gewässernetzen, u. a. an Schwinge / Hanshäger Bach / Kemnitz-Bach (von Loitz bis Kemnitz), an Swinow / Brebowbach (von Gützkow zur Tempelburg Rethra auf dem Bauerberg), vom Borgwallsee bis zur Mündung in den Strelasund (von Pütte bis Prohn) konnte nachgewiesen werden, dass die Burgwälle in einem Abstand von ca. 6 km Bachlauf errichtet wurden. Die größeren Wallburgen, meistens von Sümpfen umgeben, dienten als Fluchtburgen für die in der Umgebung lebende Bevölkerung. Die meisten Burgen waren wahrscheinlich nicht so aufwendig befestigt wie die Tempelburgen; sie wurden durch einen Erdwall, der mit einer Palisade bekrönt war, gesichert; dabei entstanden auf der Innenseite und auf der Außenseite des Walles Gräben; siehe Abbildung zum Querschnitt eines einfachen Burgwalls. Wenn die Burg direkt an einem Steilhang lag, entfiel im Hangbereich der äußere Graben; ein Beispiel dafür ist der ehemalige Burgwall auf dem westlichen Hügel (Höhe 55,6) in den Heidebergen bei Patzig auf Rügen. Bei anderen Burgwällen am Hang gab es eventuell einen niedrigen Wall als Brustwehr.

Literaturverzeichnis

/1/ Hans-Joachim Stoll, Der Dornbusch – das Hochland von Hiddensee. In: Rugia Journal 2006

/2/ A. Haas, Beiträge zur Kenntnis der rügischen Burgwälle. In: Baltische Studien, herausgegeben von der Gesellschaft für Pommersche Geschichte und Altertumskunde. N.F., Band XIV, Stettin 1910

/3/ Landesamt für Kultur und Denkmalpflege M-V, Archäologie und Denkmalpflege, Ortsakten, Gemarkungsakten zur Dokumentation aller archäologischen Funde in Mecklenburg-Vorpommern, Lübstorf, Schloss Wiligrad

/4/ Die Geschichten von den Orkaden, Dänemark und der Jomsburg. In: Thule, Altnordische Dichtung und Prosa, Zweite Reihe, 19. Band. Herausgegeben von Felix Niedner. Eugen Diederichs Verlag, Jena 1922

/5/ Axel Dietrich, Peenemünde im Wandel der Zeiten. Peenemünde 1996

/6/ Hermann Heinz Wille, Die Insel Usedom. Carl Hinstorff Verlag Rostock 1953
/7/ Horst-Diether Schroeder und Wolfgang Hornemann, Die Sitze der Redarier und die Lage Rethras. In: Greifswald-Stralsunder Jahrbuch, Band 10 1972/1973. Hermann Böhlaus Nachfolger, Weimar 1973
/8/ Wolfgang Rudolph, Die Insel Rügen. Carl Hinstorff Verlag Rostock 1953
/9/ Adam Geschovius, Historische und Geographische Beschreibung aller verstörten Städte, Schlößer ..... des gantzen Pommerlandes. Handschrift Danzig 1670. Stadtarchiv Stralsund
/10/ L. Quandt, Waldemar und Knuts Heereszüge im Wendenlande. In: Baltische Studien. Stettin 1844
/11/ Akademie der Wissenschaften der DDR, Zentralstelle für Alte Geschichte und Archäologie, Corpus Archäologischer Quellen zur Frühgeschichte auf dem Gebiet der DDR. 2. Lieferung. Herausgegeben von Joachim Herrmann und Peter Donat. Akademie-Verlag Berlin 1979
/12/ Peter Donat, Aktuelle Fragen der archäologischen Forschung zur Geschichte der Slawen im nördlichen Deutschland. In: Bodendenkmalpflege in Mecklenburg-Vorpommern, Jahrbuch 2000, Band 48, Lübstorf 2001
/13/ H. J. Eggers, Funde der wendisch-wikingischen Zeit in Pommern. Kiel 1978
/14/ Felix Biermann und Karl Rausch, Slawische und skandinavische Funde von Nonnendorf, Lkr. Ostvorpommern. In: Bodendenkmalpflege in Mecklenburg-Vorpommern, Jahrbuch 2004, Band 52, Schwerin 2005
/15/ Ralf Bleile, Slawische Brücken in Mecklenburg-Vorpommern. In: Bodendenkmalpflege in Mecklenburg-Vorpommern, Jahrbuch 1998
/16/ Die Geschichte von den Orkaden, Dänemark und der Jomsburg. In Thule, Altnordische Dichtung und Prosa, Zweite Reihe, 19. Band. Herausgegeben von Felix Niedner. Eugen Diederichs Verlag, Jena 1922
/17/ Alfred Holder (Hrg.), Saxonis Grammatici Gesta Danorum. Straßburg 1886. XVI S. 672 (Übersetzung aus dem Lateinischen: Werner A. Krenkel)
/18/ Lutz Mohr, Robert Liese, Wikinger zwischen Pommern und Polarkreis. Leo-Verlag Horn – Bad Meinberg 1997
/19/ Johannes Bugenhagen, Pomerania. Faksimiledruck und Übersetzung der Handschrift von 1517/18. Thomas Helms Verlag, Schwerin 2008
/20/ Daniel Cramer, Das Ander Buch des Pommerischen Kirchen Chronici. Druck und Verlag Nicolai Barthelt, Stettin 1628
/21/ Friedrich Lorentz, Pomoranisches Wörterbuch. Akademie-Verlag Berlin, Band I 1958, Band II,1 1968, Band II,2 1969, Band II,3 1970, Band III,1 1971, Band III,3 1973, Band IV,1 1974, Band IV,3 1975, Band V 1983
/22/ Merian, M., Beschreibung der vornemtesten und bekanntisten Stätte und Plätze in dem hochlöblichsten Churfürstentum und March Brandenburg und dem Hertzogtum Pommern. Faksimile- Ausgabe Kassel und Basel 1965
/23/ Lutz Mohr, Herzog Wartislaw und das Kloster Stolpe. In: Heimathefte für Mecklenburg und Vorpommern 1/1996
/24/ Manfred Scheuch, Historischer Atlas Deutschland. Weltbild, Augsburg 2008
/25/ Abb. Slawen beim Bau einer Inselburg, 10. Jahrhundert, www.wikiwand.com

Lage und Entwicklung des Landes und der Stadt Vineta

Wenn man nach den vorliegenden Dokumenten der Zeitzeugen davon ausgeht, dass die sagenhafte Siedlung Vineta um das Jahr 1000 noch bestand, ist es zweckmäßig, die um diese Zeit vorhandenen Küstenlinien und die damaligen schiffbaren Wasserläufe zu ermitteln. Dann können die für die Errichtung einer großen Handelssiedlung günstigen Standorte mit den überlieferten Beschreibungen von Vineta verglichen werden. Als zu untersuchender Raum kommt entsprechend den bisher aufgestellten Theorien, nach denen Vineta bei Barth, am Peenemünder Haken, bei Koserow oder bei Wollin gelegen haben soll (siehe Pommersches Landesmuseum in Greifswald), der gesamte vorpommersche Bereich der Ostsee- und der Boddenküste in Betracht.

In den aktuellen Nachschlagewerken gibt es zur Lage von Vineta folgende Aussagen:

- Brockhaus Enzyklopädie in 30 Bänden, F. A. Brockhaus, Leipzig, Mannheim 2006, Band 29: *„Vineta, der Sage nach eine bei einer Sturmflut in der südlichen Ostsee versunkene reiche Handelsstadt.“*
- Meyers Neues Lexikon in 10 Bänden, Meyers Lexikonverlag, Mannheim, Leipzig, Wien, Zürich 1994, Band 10: *„Vineta, ehemalige, der Sage nach vom Meer verschlungene Stadt an der Ostsee; wahrscheinlich auf die Slawen- oder Wikingersiedlung Julin auf der Insel Wollin zu beziehen, wo Grabungen Reste einer Stadt des 11. Jahrhunderts zutage förderten, nach Überlieferung im 12. Jh. zerstört wurde.“* Hier wird Vineta mit Wolin gleichgesetzt, obwohl in den Schriften aus dem 17. und dem 18. Jahrhundert zur Geschichte Pommerns zu entnehmen ist, dass Vineta in seiner Blütezeit bedeutender war als Wollin und dass Wollin erst nach dem Untergang Vinetas wichtig wurde.

In den für die Erforschung der Landesgeschichte Mecklenburg-Vorpommerns zuständigen Institutionen wird zum Thema „Vineta“ nicht geforscht.

Da alle der o. g. Thesen zur Lage der Stadt und Region Vineta nach bisherigen Erkenntnissen falsch sind, reizt es, die wahre Geschichte Vinetas nachzuvollziehen. Dazu ist eine komplexe Betrachtungsweise erforderlich, die folgende Bereiche einbezieht: Auswertung aller historischen Berichte und Urkunden und der archäologischen Funde, Erforschung der Bedeutung der Ortsnamen slawischen Ursprungs, Rekonstruktion der ehemaligen Küstenlinien und Binnengewässer auf der Grundlage geologischer Erkundungen und durch Auswertung alter Karten, Bewertung der für die Besiedelung und Verteidigung relevanten ehemaligen topografischen Bedingungen.

Für die Suche nach der Lage der Siedlung Vineta, die nach den Überlieferungen ein Hafenort in der Nähe der Ostsee an einem Mündungsarm der Oder war, kommt ein Standort in Betracht, der auf einer gut zu verteidigenden Insel oder Halbinsel mit einem oder mehreren geschützten Häfen und an einem strategisch und schifffahrtstechnisch günstigen Mündungsarm der Oder lag. Außerdem muss Vineta im Zusammenhang mit der ihm nachgesagten Bedeutung als größte Stadt der damaligen bekannten Welt sich einfügen in das Netz der vor tausend Jahren wichtigen Küstenhandelsplätze. Die Entfernung zwischen diesen Plätzen betrug höchstens 40 bis 60 km, d.h., eine Distanz, die an einem Tag von einer rudernden Mannschaft zurückgelegt werden konnte. An der südlichen Ostseeküste und ihrem Hinterland gehören zu diesem Netz der wichtigsten Hafenorte Oldenburg in Ostholstein, Alt-Lübeck, Rerik (Groß Strömkendorf, zerstört 808), Rostock-Dierkow (8. bis 12. Jahrhundert, siehe auch /1/), vermutlich Swante Wustrow auf dem Fischland (Tempelburg, Burgwälle und Häfen an den damaligen Gewässern zwischen der Ostsee und dem Saaler Bodden, siehe Kapitel „Swante Wustrow – Zur Lage der Tempelburg und zur Geschichte des Fischlandes"), vermutlich Barth (Mündung der Barthe mit Verbindungen zur Trebel und zum Strelasund bei Stralsund, mehrere ehemalige Burgwälle, ehemalige Siedlung Wyk aus der Slawenzeit), vermutlich Prohn (Burg, Verbindung über Bäche und Seen zur Barthe, zur Trebel), Stralow (Halbinsel Drigge / Rügen, siehe Kapitel „Stralow / Svold, Schadegard, Stralsund"), Vitt bei Arkona, Ralswiek (Beginn der slawischen Besiedelung im frühen 8. Jahrhundert, siehe Elsbeth Lange /2/), Schaprode / Streu (nach einer Arbeit von Fred Ruchhöft aus dem Jahr 2007 und der Ausgrabung eines Silberschatzes im April 2018 kann vermutet werden, dass dort ein Handelsort mindestens seit dem 10. Jahrhundert bestand), vermutlich Vilmnitz an der Südküste von Rügen, die heutigen Städte Usedom, Wollin, Stettin, Demmin und Tribsees sowie die ehemalige Wikingersiedlung Menzlin und dem slawischen Ort Görke an der Peene sowie Kolberg.
Weitere bedeutende Handelssiedlungen im Ostseeraum waren (nach einer Darstellung im Pommerschen Landesmuseum Greifswald): Haithabu an der Schlei (gegründet um 725, zerstört 1066), Dybsö Fjord, Lejie, Arhus und Ribe in

Dänemark, Kaupang am Oslofjord, Ahus, Uppakra, Ystad, Trelleborg, Löddeköpinge, Herrebro und Birka in Schweden, Paviken auf Gotland, Turku in Finnland, Staraja Ladoga, Nowgorod und Pskow in Russland, Grobin im Kurland, Wisikauten im Samland, Truso in der Nähe der Weichselmündung. Dazu kommt nach neueren Erkenntnissen /1/ Puzk an der Danziger Bucht.

Dass Vineta und Wollin ein und dieselbe Stadt war, wie von einigen Autoren behauptet wird (Michael North schreibt: *„Das Vineta der Sage ist in Wolin zu suchen“* /3/), wurde bereits vor etwa 500 Jahren von Thomas Kantzow /4/ widerlegt: *„Denn obwohl Wollin zu der Zeit* (als der Dänenkönig Harald in Vineta starb) *eine mächtige Stadt gewest, so ist doch Wineta viel mächtiger gewest, und ist deshalb zu vermuten, dass er so bald zu Wineta hab Zuflucht gehabt wann zu Wollyn, und dass Wineta derhalben hiernachmals sei zerstört worden.“*

Johann Micraelius (1597 – 1658) /5/ berichtet: *„ .... Wie das insonderheit aus den zuvor schönen und mächtigen, aber nunmehr verstörten und verderbten Städten, Wineta, Julin, Arckon, Carentz, Großwein und dergleichen abzunehmen ist“.*

Adam Greschovius /6/ schreibt: *„Julinum eine große alte und berühmte stadt ... an dem Orthe wo itzo Wollin lieget. .... Adam Bremensis schreibt von dieser Stadt Julin, dass sie insonderheit nach dem Untergang der mächtigen und berühmten Stadt Vineta die größte Stadt in Europa war.“*

In Meyers Lexikon von 1930 /7/ heißt es: *„Vineta („Wendenstadt“, Jumne) Handelsstadt der Wenden auf Usedom (an der Peenemündung), wurde nach der Sage vom Meer verschlungen. Den Anlaß gab vermutlich die Zerstörung der Wikingerfeste Jomsburg (an der Swinemündung) 1121 durch die Dänen. Die Einwohner mögen nach Wollin („Julin“) übergesiedelt sein.“*

Henning Rischer /8/ schreibt, dass im 9. Jahrhundert die Entwicklung stadtähnlicher Strukturen in Pommern begann.

Klaus Goldmann und Günter Wermusch /9/ weisen darauf hin, dass bereits der angelsächsische König Alfred der Große (871-899) in der „Description of Europe“ „Winedaland“ und „Winedas“ erwähnt und das dies an der südlichen Ostseeküste zu suchen sei.

Daniel Cramer /10/ berichtet bei der Beschreibung Pommerns: *„wird genennet das Land zu Ußdum, darinne vor zeiten die grosse Stadt Vineta gelegen“* und weist auf die Pommernkarte von Eilhard Lubin von 1618 hin, auf der Vineta in der Nähe von Zinnowitz eingezeichnet ist. *„An dieser Nordseiten hat vor Zeiten Wineta die grosse Stadt gelegen / welche durch den*

Nordwesten Wind und grossen Wasserfluß erseufft und untergegangen ist.“ Die Stadt Julin vermutet Cramer auf der Insel Wollin und meint die heutige Stadt Wolin. Andererseits schreibt er: *„Item der alte Helmoldus / der umb das Jahr 1168 ungefehr gelebet und geschrieben hat / sagt / das Wolgast so viel sey als Julia Augusta*“ („Julia die Ehrwürdige“). Wolgast lag auf derselben Insel zwischen der Ziese und dem Bodden wie Vineta.

Außerdem berichtet Cramer: *„Wo aber diese Stadt gelegen / meldet ein anderer Alter Scribent, Nemblich / Ubi Odera fluvius lacum, astae longitudinis facit, illicq, mare influit. An dem ort / da die Oder ein grosses langes und breytes Haff machet / und allda in das Meer fleust.*“ Cramer nimmt an, dass damit das Frische Haff gemeint ist. M. E. ist der Greifswalder Bodden gemeint.

Johann Micraelius schreibt: *„Diese Stadt Vineta ist im Lande zu Usedom, zwo Meilen von Wolgast, bei dem Ausfluß der Peene, gelegen gewesen, und siehet man noch heutigen Tages bei stillem Wetter mitten im Meere gegen Damerow über, eine halbe Meilwegs vom Ufer, wie Gassen in einer schönen Ordnung liegen.*“ Lutz Mohr /11/ berichtet: Der schottische Taucher James Boss konnte 1798 keinerlei Bearbeitung von Menschenhand an den Felsbrocken feststellen und vermeldete, dass es sich um submarine Findlinge handelte.

Im Museum auf der Insel Reichenau wird eine moderne Karte gezeigt, auf der die Ausdehnung des Frankenreichs zur Zeit Karls des Großen sowie die damaligen Orte im Reich und den Nachbargebieten dargestellt sind. Auf dieser Karte wird Vineta am Nordende der Insel Usedom, bei Peenemünde, verortet.

Dass Vineta im Barther Bodden gegründet wurde und dort untergegangen ist, wie Goldmann und Wermusch /9/ annehmen, ist schon im Ansatz unglaubhaft; warum sollten die Vineter den Bodden trocken legen, wenn in der Nähe gut bebaubares Land zur Verfügung stand. U. a. wurden in diesem Buch Orts- und Gewässernamen falsch gedeutet.

Wenn Vineta wirklich die größte Stadt der damals bekannten Welt war, wie Adam von Bremen (Geschichtsschreiber, gestorben um 1083) /12/ berichtet, d. h. größer als das damalige Byzanz, dann kann **Vineta mit allen seinen Bestandteilen** (Handelszentrum, Häfen, Werft, Verteidigungsanlagen, Produktionszentren, Salzgewinnungsanlage, Pferdezucht, Gästebeherbergung, Erholungsbereich, Landwirtschaft) unter Berücksichtigung der geografischen Bedingungen und der ehemaligen Küstenlinie (siehe Karte „Küstenlinien, Wasserläufe, Burgwälle und Handelszentren zwischen Recknitz und Swine um das Jahr 1000") **im ehemaligen Land Wusterhusen, d.h., zwischen Greifswalder Bodden, Peenestrom, Ziese und Dänischer Wiek gelegen** haben. Dieser Landstrich war durch das ca. 30 bis 600 m breite sumpfige Ziesetal mit der damals erheblich breiteren Ziese vom Festland getrennt und damit eine relativ große Insel. Die berühmte Stadt Byzanz (Konstantinopel) hatte nach Ermittlung durch den Verfasser um die Mitte des 10. Jahrhunderts eine Fläche von ca. 14 km² zwischen der großen Befestigungsmauer und der Küste (siehe /13/). Nach Angaben zur Länge der Befestigungsmauer in /14/ könnte Byzanz 25 km² groß gewesen sein. Die Fläche des Territoriums Vineta zwischen der Dänischen Wiek, dem Greifswalder Bodden, dem Peenestrom, dem Tal der Grämitz und dem Ziesetal (also ohne das Land um Wolgast) umfasste eine Fläche von ca. 110 km². Der Begriff „Stadt" wurde im frühen Mittelalter nicht immer für eine größere, geschlossen bebaute Siedlung gebraucht, sondern oft im Sinne von „Stätte" für ein Territorium, das verwaltungsmäßig, verteidigungstechnisch und ökonomisch eine Einheit bildete. Auch in Byzanz gab es innerhalb der großen Befestigungsmauer keine durchgehende Bebauung, sondern in diesem befestigten Territorium lagen einzelne Orte, Kasernen und Paläste mit dazwischen liegenden Gärten und Feldern. Johann Micraelius erwähnt in seiner Chonik /5/ die *„schönen, mächtigen, aber nunmehr verderbten Städte Wineta, Julin, Arckon, Carentz, Großwein"*. Auch hier wird klar, dass die genannten „Städte" keine geschlossenen großen Siedlungen, sondern Siedlungsgebiete waren. Mit Arkona war wahrscheinlich die gesamte damalige Insel Wittow gemeint, ca. 50 km² groß, mit den Hafenorten Vitt, Wiek (mit Burgwall /15/) und Breege sowie dem Burgwall am Kontoper Haken /15/ mit dem Fährhafen Kontop. Die genannte „Stadt Großwein" entspricht dem Land (Burgbezirk) Groswin, ca. 50 km² groß, mit der Hauptburg Groswin an der Peene zwischen Stolpe und Görke, mit Stolpe (wahrscheinlich Hafenort, eventuell auch Tempelort), mit dem Burgwall Görkeburg (mit einem Hafen am Stegenbach).

Günter Wermusch /16/ erwähnt, dass Adam von Bremen in einer Abschrift (der Wiener Handschrift) auf einer Seite von Vineta als „civitas" und als „urbs" spricht. Wermusch übersetzt „civitas" mit „Bürgerschaft, Gemeinde, Staat, auch Volk" und deutet dies als Gemeindeverbund; „urbs" wird als „Stadt" übersetzt. Dies entspricht meiner Theorie von der Hafen- und Handelsstadt Vineta und dem ihr dienenden Land Vineta. Diese Konstellation ist vergleichbar mit der frühmittelalterlichen Hafensiedlung Lassan im Land Lassan.

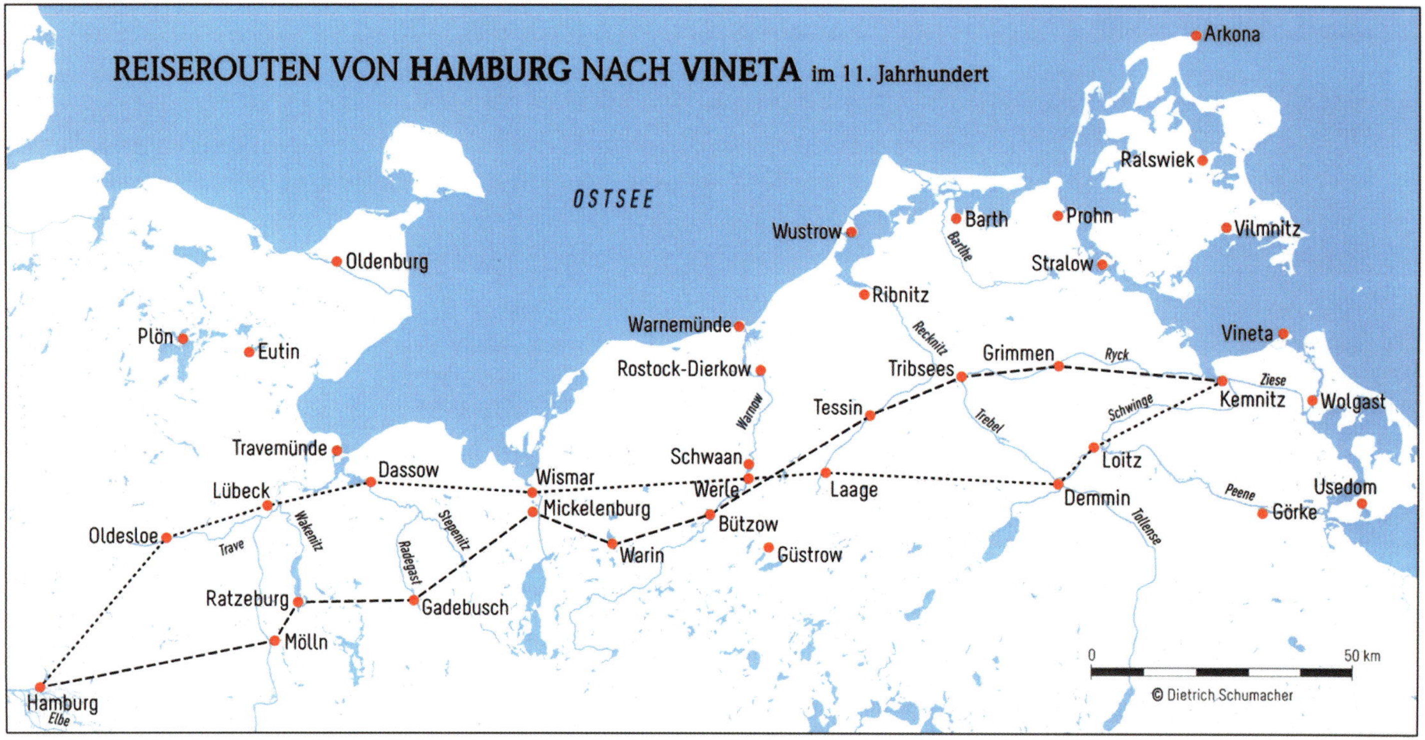

Reiserouten von Hamburg nach Vineta
Zeichnung: Frauke Mohr

Für die Insel zwischen dem Greifswalder Bodden und der Ziese (später Land Wusterhusen genannt) trifft zu, was über die Stadt Vineta von Adam von Bremen in seiner um 1075 entstandenen Hamburger Kirchengeschichte /12/ (zitiert nach Michal /17/ und /9/) berichtet wurde: *„hinter den Wilzen“* (die Kessiner, Circipaner, Tollenser und Redarier gehörten zum Stammesverband der Wilzen oder Liutizen) *„trifft man auf die Oder, den reichsten Strom des Slawenlandes“… „wo sie* (die Oder) *an ihrer Mündung ins Skythenmeer* (die Ostsee) *fließt, bietet die sehr berühmte Stadt Jumne für Barbaren und Griechen in weitem Umkreis einen viel besuchten Treffpunkt“;*
„der eine Strom, die Oder, wendet sich nach Norden und fließt mitten durch die Wendenstämme, bevor er Jumne erreicht, wo er Pommern und Wilzen scheidet“ (nach /9/);
von Jumne als einer sehr berühmten Stadt, als *„die größte von allen Städten, die Europa birgt“*;
„Rügen der Stadt Jumne benachbart“; (nach /9/)
„die Insel wird von drei Meeren (Arnold von Lübeck, gest. 1212, spricht von „Sunden“ /18/) *umspült, eins davon soll von tief grünem Aussehen sein“, „das zweite weißlich“, „das dritte wogt ununterbrochen wild bewegt von Stürmen“.*
„Wild bewegt von Stürmen“ könnte das Gewässer auf der West- und Nordwestseite (Dänische Wiek, Greifswalder Bodden) gewesen sein (der Nordweststurm konnte ungehindert über den Strelasund und den Greifswalder Bodden auf die Küste prallen; auch heute ist der Wellengang auf dem Greifswalder Bodden für kleinere Boote gefährlich). Der durch die Brandungswellen gelöste Sand und Lehm färbte das Wasser im Leebereich „weißlich“ und bildete die Sandbänke um den Nordteil der Insel (heute Struck, Freesendorfer Haken). Auch der Name des Peenestroms (der hier als Mündungsarm der Oder fließt) wird von dem altslawischen Begriff für Gischt (d. h., mit weißlichem Aussehen) abgeleitet. *„Von tief grünem Aussehen“* waren die vor Stürmen geschützten Bereiche der Ziese; im flachen Ziesetal gab es breite grüne Schilfgürtel und das Wasser schimmerte grünlich. Auch das sumpfige Tal der Grämitz hatte breite grüne verschilfte Flächen. Günter Wermusch /16/, der allerdings Vineta bei Barth vermutet, schreibt: *„Zum Schluss bleibt zu erfragen, wo denn Jumne/Vineta zu suchen wäre, wenn man unterstellt, dass Adam den 47 km langen Peenestrom als die nördliche Oder betrachtet haben soll? Da bleibt tatsächlich nur die Gegend um Peenemünde übrig, wie es der Düsseldorfer Verkehrshistoriker Richard Hennig (1874-1951) vermutete.“*

Adam von Bremen berichtet (nach /9/): ***„Die Reiseroute ist so beschaffen, dass man von Hamburg und der Elbe aus über Land in sieben Tagen die Stadt Jumne erreichen kannn.“*** Die Etappenziele waren die Übergänge über die Flüsse, die von Burgen bewacht wurden und wo auch übernachtet werden konnte. Die kürzeste Reiseroute führte wahrscheinlich von Hamburg über Mölln am ursprünglichen Gewässer des heutigen Elbe-Lübeck-Kanals, Ratzeburg am Ratzeburger See, Gadebusch an der Radegast, Dorf Mecklenburg am Wallensteingraben, Schwaan oder Werle an der Warnow, Laage an der Recknitz, Tessin an der Recknitz, Tribsees an der Trebel, Grimmen an der Trebel und am Ryckgraben nach Kemnitz an der Kemnitz (Hanshäger Bach) an die Ziese (der Grenze des Landes Vineta). Die Reiseroute war etwa 300 km lang; bei einer durchschnittlichen Tagestour von rund 45 km (Goldmann und Wermusch /9/ nehmen für einen Tagesabschnitt 40 bis 50 km an) war die Reise in sieben Tagen zu schaffen. Eine andere, aber etwa gleich lange Reiseroute führte über die via regia: Hamburg, Bad Oldesloe an der Trave, Lübeck an der Trave und an der Wakenitz, Dassow an der Stepenitz, Wismar am Wallensteingraben, Schwaan oder Werle an der Warnow, Laage an der Recknitz, Demmin an der Peene, der Nebel und der Tollense nach Kemnitz / Gwisdoy. Die Summe der Luftlinien-Entfernungen zwischen den einzelnen Reise-Stationen beträgt etwa 265 km. Die Wege von Burg zu Burg sind heute nicht mehr eindeutig nachzuvollziehen. Besonders durch den Chausseebau im 19. Jahrhundert verloren viele mittelalterliche Wege ihre Bedeutung und verschwanden.

Adam von Bremen schreibt, dass Seereisen nach Vineta in Oldenburg (Starigard) begannen. Burg und Hafen Starigard lagen am Oldenburger Graben, einer damals schiffbaren Verbindung zwischen der Hohwachter Bucht und der Mecklenburger Bucht. M. E. konnten die slawischen Seefahrer wie die Wikinger an einem Tag 40 bis 60 km rudernd oder segelnd zurücklegen. Wie lange Handelsleute von Oldenburg bis Vineta unterwegs waren, hing vom Wetter ab und davon, ob sie bei der Reise noch Aufenthalte in den Handelsorten für ihre Geschäftstätigkeiten vorsahen. Die Übernachtungshäfen lagen an den Mündungen der Flüsse und Bäche an der Ostsee- und der Boddenküste: Travemünde mit möglicher Bootsfahrt auf der Trave zum Handelszentrum Lübeck, Reric (Groß Strömkendorf, Handelszentrum bis etwa 810) oder Wismar am Wallensteingraben, Warnemünde oder der Handelsplatz auf dem Primelberg bei Rostock, Häfen an den damals schiffbaren Verbindungen zwischen der Ostsee und dem Saaler Bodden, d. h. Ahrenshoop am Strom und

Wustrow am Permin auf der Insel Swante Wustrow (Fischland, siehe Kapitel „Swante Wustrow – Zur Lage der Tempelburg und zur Geschichte des Fischlandes“), Ribnitz an der Recknitz, Saal am Saaler Bach, Barth an der Barthe , Prohn am Prohner Bach, Handelsplatz Stralow / Strela / Svoln auf der Halbinsel (damals Insel) Drigge / Rügen (siehe Kapitel „Stralow / Svöld, Schadegard, Stralsund“), Endstation Vineta oder Weiterfahrt zu den Handelsorten Usedom, Görke (Land Groswin), bis zum 10. Jahrhundert auch Menzlin (Land Ziethen) oder Wollin. Zur Blütezeit des Handelsortes Ralswiek (8. Bis 10. Jahrhundert) war auch eine Bootsfahrt von Vineta zur Südküste Rügens bei Vilmnitz, über heute noch vorhandene Bäche zum Hafenort Streu und über den Kleinen und Großen Jasmunder Bodden nach Ralswiek möglich.
Die kürzeste Fahrtlänge mit dem Schiff von Oldenburg nach Vineta betrug ca. 250 km. Unter Berücksichtigung der damals möglichen „Übernachtungshäfen“ kann man annehmen, dass die Reisenden mindestens sechs Tage auf der Ostsee und den Bodden unterwegs waren.
Nach Wikipedia (Stand 20.06.2014) wurden in den ältesten Abschriften des Berichts von Adam von Bremen die Worte *„vimne“, „uimne“, „ iumne“, „jumne“* verwendet. Helmold von Bosau (Geschichtsschreiber, geboren vor 1125, gestorben nach 1177) nennt in seinem 1162-72 verfassten Bericht *„Chronika Slavorum“*/19/ den Ort *„uineta“, „Jumneta“, „Vinneta“*. Ein unbekannter Autor schreibt in *„Universus Terrarum Orbis“: „Winithi, pop. Germaniae, Slavorum pars, etiam vocantur Winili, Winuli, Winidi, Wenedi, & Vinetes“*. Steckt in der Bezeichnung „Jumne“ die gleiche Bedeutung wie in dem Wort „Jom“? Sind die beiden Worte gleichbedeutend? Ist das Gebiet von Jumne gleichzusetzen mit dem Gau Jom und dem Land Wusterhusen?
Carl Schuchhardt /20/ und Richard Hennig /21/ legen recht überzeugend dar, dass die größte Seehandelsstadt im Odermündungsbereich nur an der Mündung des Peenestroms in die Ostsee gelegen haben kann, da die Mündungsarme Dievenow und Swine damals nur sehr schwierig mit Handelsschiffen befahrbar waren. Erst für das Jahr 1170 berichtet der dänische Geschichtsschreiber Saxo Grammaticus (geboren um 1150, gestorben um 1250) /22/ (zitiert nach /23/) von der Fahrt einer dänischen Flotte durch die Swine nach Wollin und Kammin an der Dievenow; diese Flotte versuchte von der Dievenow in die Ostsee zu fahren, was wegen der geringen Wassertiefe der Dievenow-Mündung nicht gelang. Die Wikingerschiffe hatten einen Tiefgang von mehr als 90 cm /24/.

Es kann angenommen werden, dass der für den bedeutenden Handelsort so wichtige Schiffsverkehr in das Binnenland nicht nur auf den breiten Strömen und Flüssen (heutige Peene, Trebel, Recknitz, Ziese) stattfand, sondern dass auch kleinere Gewässer genutzt wurden:

- von Demmin über die Peene nach Loitz, von dort über die Schwinge, das Feuchtgebiet im Wald zwischen Weitenhagen und Groß Kiesow, über Brandmühlengraben, Hanshagener Bach, Kemnitz zur Ziese, (dieser Wasserweg von Demmin nach dem vermuteten Vineta war mit einer Länge von ca. 55 km kürzer als der Weg über das heutige Anklam und könnte der Aussage von Adam von Bremen entsprechen, dass Vineta von Demmin aus in kurzer Ruderfahrt zu erreichen sei; d. h. m. E. an einem Tag);
- von der Peene bei Gützkow über die Swinow, die Gräben zwischen Gribow, Ranzin, Oldenburg, Steinfurth, den Scheidegraben zum Brebowbach, der bei Wehrland und der ehemaligen Tempelburg Rethra in den Peenestrom mündet;
- von Tribsees über die Poggendorfer Trebel, den Ryckgraben und den Ryck zur Dänischen Wiek und zur Ziesemündung;
- zwischen dem Ryck (bei der Burg Guttin in der Nähe von Willershusen) und der Schwinge (bei Pustow) gibt es noch heute einen Graben, damals Crusniz genannt;
- vom Ryck aus bestand sehr wahrscheinlich eine Verbindung über den Rienegraben in nördlicher Richtung über Engelswacht und Groß Miltzow zum Strelasund sowie über Ahrendsee zum Krummenhagener See. Über den Strelasund war der Fährort Devin bei Stralsund von Vineta per Schiff günstig zu erreichen. Nach Ansicht des Verfassers ist dieser Ort ein Teil der damals bedeutenden Fährverbindung zwischen dem Festland und Stralow / Svold (ein wichtiger Hafen- und Handelsplatz auf der Halbinsel Drigge / Rügen). Der Hafen Devin war über Bachläufe mit dem Kummerower See und von dort aus über den Borgwallsee (Land Pütte) und die Barthe sowohl mit dem Siedlungs-, Burgen- und Hafenkomplex Barth (Land Barth) als auch über Bäche mit dem See zwischen Richtenberg und Franzburg und von dort über die Blinde Trebel mit dem damals sehr bedeutenden Handels- und Burgort Tribsees (Land Tribsees), der den Übergang über die Trebel beherrschte, verbunden. Außerdem bestand vom Borgwallsee über den Pütter See und den Bachlauf bei Klein Kordshagen und Schmedshagen eine Verbindung zum Burg- und Hafenort Prohn (Land Prohn).

Nach Ansicht des Verfassers hatte Vineta auch eine kurze schiffbare Verbindung (ohne die Ostsee zu nutzen) von Vilmnitz (Südrügen in der Nähe des Greifswalder Boddens) über ein heute noch existierendes System von Gräben, über den Kleinen und den Großen Jasmunder Bodden nach Ralswiek.

Die Nachbauten der in Ralswiek gefundenen Slawenboote, z .B. das Boot von Groß Raden, zeigen, dass für den Bootsverkehr vor 1000 Jahren auch Gewässer mit geringer Tiefe und Breite genutzt werden konnten. Wenn wegen der geringen Gewässerbreite nicht gesegelt werden konnte, wurde gerudert oder gestakt. Auch das Ziehen der Boote vom Ufer aus (treideln) oder durch Pferde, die im flachen Gewässer liefen, ist denkbar; im Notfall konnten die Boote auch über feuchte Wiesen geschleift werden. Wahrscheinlich war diese Art des Gütertransports leichter durchzuführen, als Fahrten mit Wagen durch die dichten Wälder. Außerdem konnte auf den kleinen Gewässern (im Wesentlichen innerhalb der Stammesgebiete der Ranen und der Redarier) das für die Versorgung Vinetas erforderliche Hinterland erschlossen werden sowie der Fernhandel auch zu den Zeiten erfolgen, wenn auf den Flüssen Peene, Trebel und Recknitz (die meistens Grenzen von Stammesgebieten waren) wegen kriegerischer Ereignisse der Handelsverkehr unterbrochen war.
Auch für den Transport von Waren und Personen auf Pferden werden in großem Umfang flache Gewässer mit festem Untergrund oder im Winter mit fester Eisdecke als Reitweg genutzt worden sein.
Solche Wege werden u. a. als Verbindung von dem Stützpunkt der Slawen in Gützkow oder von der Wikingersiedlung Menzlin nach Vineta gedient haben.

Sowohl an den o. g. Wasserwegen als auch an den Landwegen wurde der Verkehr durch Burgen kontrolliert und geschützt, die zum Teil heute noch erkennbar sind:

- an der Route Trebel - Ryck: Tribsees, Grimmen, Guttin bei Willershusen;
- an der Route Peene – Schwinge – Kemnitz: Demmin, Loitz, Blocksberg bei Sassen, Pustow, bei Grubenhagen, vermutlich Kemnitz.

Ausschnitt aus der Topografischen Karte der DDR

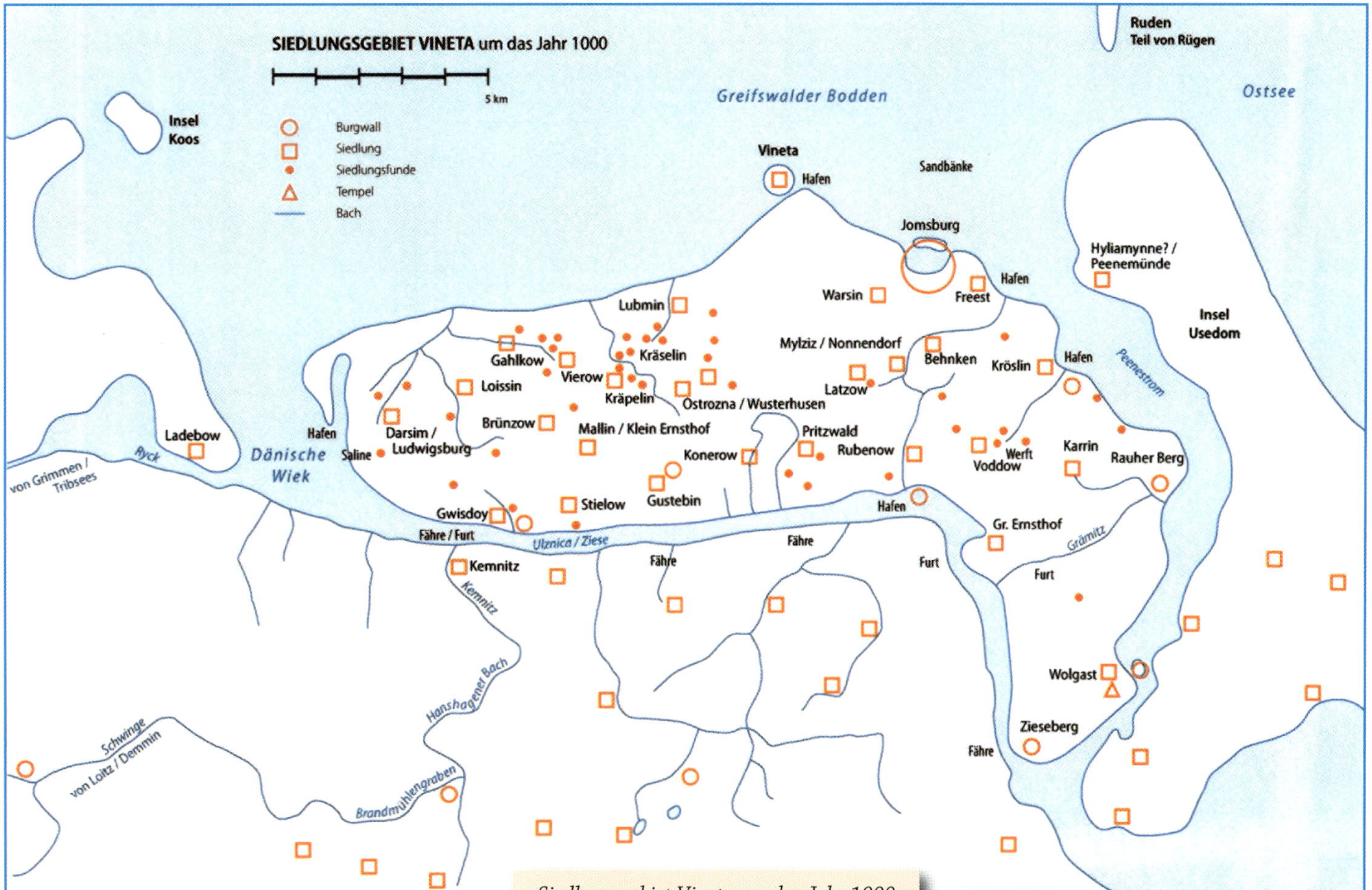

Siedlungsgebiet Vineta um das Jahr 1000
Zeichnung; Frauke Mohr

Wo die schiffbaren Gewässer und die Landwege auf die Ziese stießen, werden sich Fährstellen befunden haben: bei Kemnitz, bei Stielow / Rappenhagen, bei Gustebin / Neu Boltenhagen, in der Nähe von Pritzwald und von Rubenow, beim heutigen Groß Ernsthof und am Zieseberg. Nach den Aussagen der geologischen Karten könnten bei Kemnitz und bei Groß Ernsthof an den Fährstellen bei günstigen Bedingungen auch Furten zum Überwinden der Ziese genutzt worden sein. Nach Albert Altermann /25/ wurde die Furt bei Groß Ernsthof im Jahre 1628 durch Wallensteins Truppen auf dem Vormarsch auf Wolgast genutzt. Dietrich Rahn /26/ weist auf eine Urkunde aus dem Jahre 1248 hin, in der „Quezsibrod sive Guisdowescastruga“ erwähnt wird. Rahn nimmt an, dass diese Begriffe den westlichen Teil der Ziese von Rappenhagen bis Neuendorf bezeichnen und erklärt, dass Quezsibrod auf eine Furt hinweist (das russische Wort „brod“ bedeutet „Furt“). Andere Forscher deuten das slawische Wort „brod“ als Fähre (siehe Stahlbrode). Ob an diesen Stellen auch Brücken waren, wie sie bei Ausgrabungen an der Recknitz für die Zeit um 970 nachgewiesen wurden, kann nur durch archäologische Untersuchungen geklärt werden.

Es ist anzunehmen, dass alle heutigen **Orte auf der ehemaligen Insel nördlich der Ziese** (das Land Wusterhusen und Wolgast), die einen aus dem Slawischen abzuleitenden Ortsnamen haben, bereits vor dem Jahr 1000 bestanden.

Der größte Ort auf der damaligen Insel ist heute die Stadt Wolgast. Der Ortsname (nach alten Schreibweisen Hologost, Ologost) wird als „großer Hain“ oder „heiliger Hain“ gedeutet. Günter Wermusch /26/ deutet diesen Ortsnamen als „Gastort“ mit der Bedeutung „Freihafen“. Eine Burg soll in diesem Bereich schon um 630 bestanden haben. Diese Burg auf einer kleinen Halbinsel (die heutige Schlossinsel) im Peenestrom schützte die Fährverbindung zum Nordteil der heutigen Insel Usedom und kontrollierte den Schiffsverkehr auf dem Peenestrom. Auf der Anhöhe am Strom befand sich eine Tempelanlage. Diese Anlage zu Ehren der Götter Gerovit und Barovit, die offenbar Bedeutung für die Bewohner der Insel nördlich der Ziese (Land Wusterhusen und Wolgast) und der umliegenden Inseln und von Teilen des Festlandes hatte, wurde m. E. durch Bischof Otto von Bamberg auf seiner Missionsreise nach Pommern im Jahre 1128 zerstört, um die slawischen Bewohner zum Christentum zu bekehren. Der Verfasser hält die slawischen Bildsteine aus dem 12. Jahrhundert, die in die Wände der Wolgaster Petrikirche eingemauert wurden, für Denkmale zur Erinnerung an die Christianisierung im Bereich Wolgast, wie auch Buske /27/ vermutet. Die Abbildungen der Bildsteine (siehe /27/)

stellen wohl den unter dem Zeichen des Kreuzes missionierenden Bischof Otto von Bamberg und einen unter den Schutz des Kreuzes getretenen Vertreter des slawischen Adels dar, eventuell den pommerschen Fürsten Wartislav, der die Mission des Bischofs Otto von Bamberg förderte.

Eine weiteres Heiligtum befand sich (nach Buske /27/) zu Ehren der Göttin Ziesa auf dem Zieseberg. Wolgast und der Zieseberg lagen im Land Wolgast, das durch das sumpfige Tal der Grämitz vom Land Vineta getrennt war.

Die Orte Kröslin und Freest am Peenestrom werden auch schon vor 1000 Jahren Hafenorte gewesen sein. Wahrscheinlich waren in diesen Orten Fischer ansässig. „Kröslin" kann in Verbindung gebracht werden mit dem polnischen Wort „kres", das „Grenzgebiete, Randgebiete" bedeutet und das im Zusammenhang mit dem benachbarten, ehemaligen großen Burgwall („Der Burgwall" im PUMB 1848) am Peenestrom als Grenzposten an der Grenze Vinetas gedeutet werden kann.

Der Ortsname „Karrin" könnte mit dem russischen Wort „karaul" verwandt sein und Wache, Wachposten bedeuten. Auf der vom Verfasser erarbeiteten Karte „Siedlungsgebiet von Vineta um das Jahr 1000" ist die strategisch wichtige Lage von Karrin an der Südostgrenze des Landes Wusterhusen zu erkennen. Das Tal der Grämitz (im PUMB 1848 als „Die Gremitz" bezeichnet) war offenbar die Grenze zwischen dem Land Vineta (Land Wusterhusen) und dem Land Wolgast. Der umfangreiche Münzfund von Karrin ist ein Hinweis auf die damalige Bedeutung dieses Ortes auch nach dem Fall der Stadt Vineta. Günter Wermusch /26/ schreibt: *„Mit ... karina bezeichneten die Westslawen Gewässer, in denen das Holz gebadet wurde, um es entrinden zu können."* Vielleicht wurden hier Baumstämme in den Bach gelegt, um sie über den Peenestrom zu anderen Orten mit Bedarf an Holz zu flößen.

Voddow kann als Werftplatz gelten, da das polnische Wort „wodowac" „Schiff vom Stapel lassen, auf das Wasser aufsetzen" bedeutet. Wahrscheinlich wurde der Bootsbau am Waldrand, am Gewinnungsort des Materials ausgeübt. Die Sölle östlich von Voddow, das Große und das Kleine Mauerbeersoll, konnten zur Wässerung der Hölzer für den Bootsbau genutzt werden. (Über die slawische Bootsbau-Technik berichtet Jochen von Fircks /28/.) Der Werftplatz lag vermutlich am Hang südlich und östlich des Oberlaufs des Baches in der Hallwiese. Karl Rausch /29/ fand viele Zeugnisse, die eine ehemalige slawische Siedlung auf einem Hügel (bei der Höhe 9,3) südöstlich der Hallwiese (ca. 2000 m östlich der heu-

An der Hallwiese bei Voddow lag der Bootsbauplatz.

- - - - Über den Bach konnten die Boote zum Peenestrom überführt werden.

Foto: Ulf-Peter Schwarz

tigen Ortschaft Voddow) belegen. Bei einer weiteren Begehung fand Karl Rausch /30/ ca. 60 m südwestlich des o. g. Hügels eine bisher unbekannte Form eines Beschlages / Schmuckstücks aus dem frühen Mittelalter sowie ein Waagegewicht. Diese Funde zeigen, dass dieser Bereich ein wichtiger Platz des Landes Vineta war. Die Boote konnten vom Werftplatz durch das Bachtal (im Preußischen Urmeßtischblatt /PUMB 1848/ um 1835 als „Hölle Diek“ bezeichnet, heute „Hallwiese“ genannt) zum Hafenort Kröslin gebracht werden; aus dem Begriff „Diek“, gleichzusetzen mit „Teich“, kann abgeleitet werden, dass dieser Bach angestaut werden konnte, entweder um den Bootstransport zu erleichtern oder auch um eine Wassermühle zu betreiben. Im Bereich zwischen den o. g. Söllen und der Hallwiese, auf dem vermuteten Bootsbauplatz, fand der Verfasser einen offenbar bearbeiteten Speckstein und einen Wetzstein, die auf handwerkliche Tätigkeiten an diesem Standort hindeuten.

Umfangreiche Funde nordnordöstlich von Nonnendorf (in slawischer Zeit als „Mylziz“ bezeichnet) deuten nach Felix Biermann und Karl Rausch /31/ darauf hin, dass dort slawische und wikingische Handwerker aus Metall Schmuck, Werkzeug und andere Gegenstände herstellten. Die dort gefundenen Niete für den Bootsbau könnten als Zulieferung für die Bootswerft im benachbarten Voddow gedacht gewesen sein. Es ist denkbar, dass dieser Ort für Metallbearbeitung mit Funden aus der Zeit von etwa 1050 bis 1200 die Nachfolge der bekannten Wikingersiedlung Menzlin (Funde aus der Zeit von etwa 700 bis ca. 1000) an der Peene angetreten hat. Alfons Schmitz /32/ hält es für möglich, dass der berühmte Hiddenseer Goldschmuck im Bereich Vineta hergestellt wurde. Mylziz war durch einen Bach mit dem Peenestrom verbunden.

Rubenow könnte mit dem polnischen Wort „rybny“ für „Fisch“ als Fischerort erklärt werden, da es nahe der damals an dieser Stelle relativ breiten Ziese liegt. Hier wird ein bedeutender Fischerei- und Handelshafen gelegen haben, der durch einen Burgwall geschützt wurde; der Burgwall ist auf der aktuellen topografischen Karte dargestellt.

Pritzwald kann als Ort gelten, in dem die Pferde gesattelt oder angespannt wurden, entsprechend dem polnischen Wort „prezyc“ für „anspannen“. Demnach könnte hier in der Nähe einer Fähre oder Furt die wichtigste Station für den Landverkehr zwischen Vineta und dem Festland gewesen sein, heute mit einem Verkehrshof vergleichbar. Andererseits ist es auch denkbar, dass hier ein Pferdemarkt bestand. Andere deuten das erstmals 1271 genannte „Prszwalck“ als „Landenge zwischen zwei Flüssen"; das Dorf liegt zwischen zwei Bächen, die in die Ziese münden. Günter Wermusch /26/ deutet den Ortsnamen als „bei dem Schleifweg", auf dem Boote zwischen zwei Gewässern über Land gezogen wurden; m. E. bestand eine für Boote nutzbare Verbindung vom Nachbarort Rubenow an der Ziese nach Freest am Peenestrom; hier konnten die Boote getreidelt werden, wenn bei niedrigem Wasserstand nicht gerudert werden konnte.

Im Nachbarort Konerow wird die Zucht der Pferde als wichtiges Mittel für den Transport und die Kriegsführung zu Lande statt gefunden haben. Das polnische Wort „konny" bedeutet „Pferde-" wie das pomoranische Wort „kuone" /33/. Allerdings bedeutet das pomoranische Wort „kon" „Kahn" /33/ und könnte mit der südlich von Konerow vermuteten Fährverbindung über die Ziese in Verbindung gebracht werden.

Gustebin (wahrscheinlich an einer Fähre über die Ziese gelegen) zwischen den Zieseübergängen bei Pritzwald und bei Kemnitz / Gwisdoy kann als Ort gedeutet werden, an dem die Gäste untergebracht wurden. Abgeleitet wird diese Vermutung aus dem früheren deutschen Namen „Güstebiese" und dem heutigen polnischen Namen „Gosdowice" für einen Ort am Ostufer der Oder, im Zusammenhang mit dem russischen Wort „gostewoi" für „Gäste-„ und dem pomoranischen Wort „guosc" für „Gast" und „guoscinc" für „Gasthaus" /33/. Dass Gustebin ein wichtiger Ort für den Handelsverkehr war, kann durch den Fund einer 1200 Jahre alten arabischen Goldmünze (zum Schmuckstück umgearbeitet) belegt werden; außerdem wurden dort Siedlungsgruben, Feuerstellen, Keramik, Kämme und ein Fingerring aus dem 11./12. Jahrhundert gefunden (u. a. beim Bau der Erdgasleitungen OPAL und NEL). Dass der Bereich Gustebin bereits vor der Slawenzeit ein bevorzugter Siedlungsplatz war, belegen Funde aus der vorrömischen Eisenzeit und Eisenschlakke aus dem 3./4. Jahrhundert n. Ch. /15/. Auf einem Hügel nordöstlich von Gustebin lag ein Burgwall, dessen Lage und Ausmaße durch Begehung mit der Wünschelrute festgestellt werden konnten.

Der Ort Stielow kann in Verbindung mit dem russischen Wort „steklo" für „Glas" gebracht werden; Reste von Glasschmelzen sind dort gefunden worden. (Siehe Pommersches Landesmuseum Greifswald)

In Vierow könnten die Handwerker ansässig gewesen sein, entsprechend dem polnischen Wort „wyrob" für Erzeugnis, Herstellung. Andere deuten Vierow als „Ort an einem Sumpf".

Lubmin (1271 als „Lubbenin" bezeichnet) war der Vergnügungs- und Erholungsort; diese Vermutung wird gestützt durch die Bedeutung „lieben, gern haben" für das polnische Wort „lubic" und „sich ergötzen, genießen" für „lubowac". Daher ist das Seebad Lubmin nach meiner Kenntnis der älteste bekannte Erholungsort an der deutschen Ostseeküste. Lubmin lag günstig für die Besucher aus dem Hafenort Vineta, aus der Jomsburg und aus der Festung Ostrozne. Saxo Grammaticus erwähnt, dass im Jahr 1173 die Dänen unter König Waldemar I. und Bischof Absalon, als sie von Stettin nach Rügen segelten, „Lyubin" einnahmen. Für das Jahr 1184 berichtet Saxo Grammaticus: *„Als das erledigt war, begab er sich zum König. Der übernachtete bei Lubyna, die Reste der Dörfer wurden zerstört; eine sumpfige Senke* (die Grämitz?), *durch die er nur mit Mühe marschierte, ließ er mit einem Übergang* (wahrscheinlich ein Bohlenweg) *überbrücken und hat die Senke fast ohne Mühe wieder durchmessen. Man bestieg die Schiffe* (bei Wolgast?) *und erreichte den Hafen, welcher dem Peenefluss am nächsten war"* /22/ (Usedom ?, Bargischow ?, Menzlin ?, Görkeburg ?).

Der zentrale Bereich als Verwaltungs- und Verteidigungszentrum des Landes Vineta wird unter Berücksichtigung seiner günstigen zentralen Lage der heutige Ort Wusterhusen gewesen sein. Rischer (siehe /8/) und andere halten es für möglich, dass der Name Ostrozne dem heutigen Wusterhusen entspricht. Ostrozne ist entweder vom slawischen Begriff für Insel abgeleitet oder eine andere Schreibweise des Namens Wostrose (in der Knytlinga Saga heißt es Voztrosa, nach /9/). Lutz Mohr /34/ teilt mit, dass das später als Land Wusterhusen bezeichnete Gebiet im frühen Mittelalter slawisch „Ostrussna" oder „Wostrose" hieß, was soviel wie „mit Palisaden umzäuntes Gebiet, Land" bedeutet. Die Wikinger verwendeten die Bezeichnung „Woztrosa". Günter Wermusch /26/ deutet den slawischen Namen für Wusterhusen - ostrozne – als Festung, abgeleitet von „ostrog".

Ob diese Festung so gewaltig gestaltet war, wie die Fürstenburg bei Behren-Lübchin (diese lag in einem Sumpfgebiet, deshalb konnten viele Teile der Befestigung bei Ausgrabungen gefunden werden), kann heute nicht mehr nachvollzogen werden. Wegen seiner strategischen Bedeutung wird dieser Ort bei der Eroberung des Landes während des 17. Wendenzuges durch die Dänen 1178 so stark zerstört worden sein, dass die späteren deutschen Einwanderer (wahrscheinlich nach der Gründung des Klosters Eldena 1199) hier nur noch eine Wüstung vorfanden; eine Kontinuität der Besiedlung wie in den anderen Orten hat hier offenbar nicht stattgefunden, da die Funktionen Verwalten und Verteidigen nach der Eroberung des Landes Vineta hier entfielen und wahrscheinlich auf die Fürstenburg Wolgast übergingen.

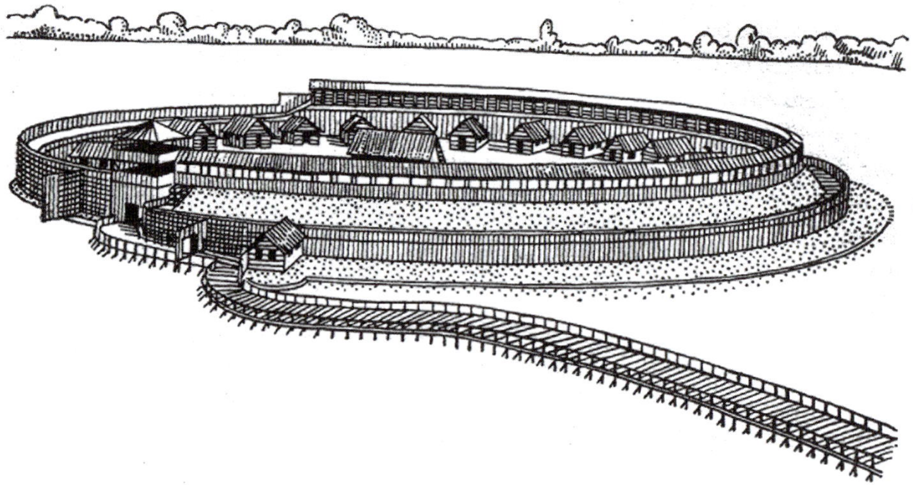

Rekonstruktionszeichnung
der Burg des 11. Jh. von Behren-Lübchin

in: Joachim Herrmann „Zwischen Hradschin und Vineta“,
Urania-Verlag Leipzig, Jena, Berlin 1971

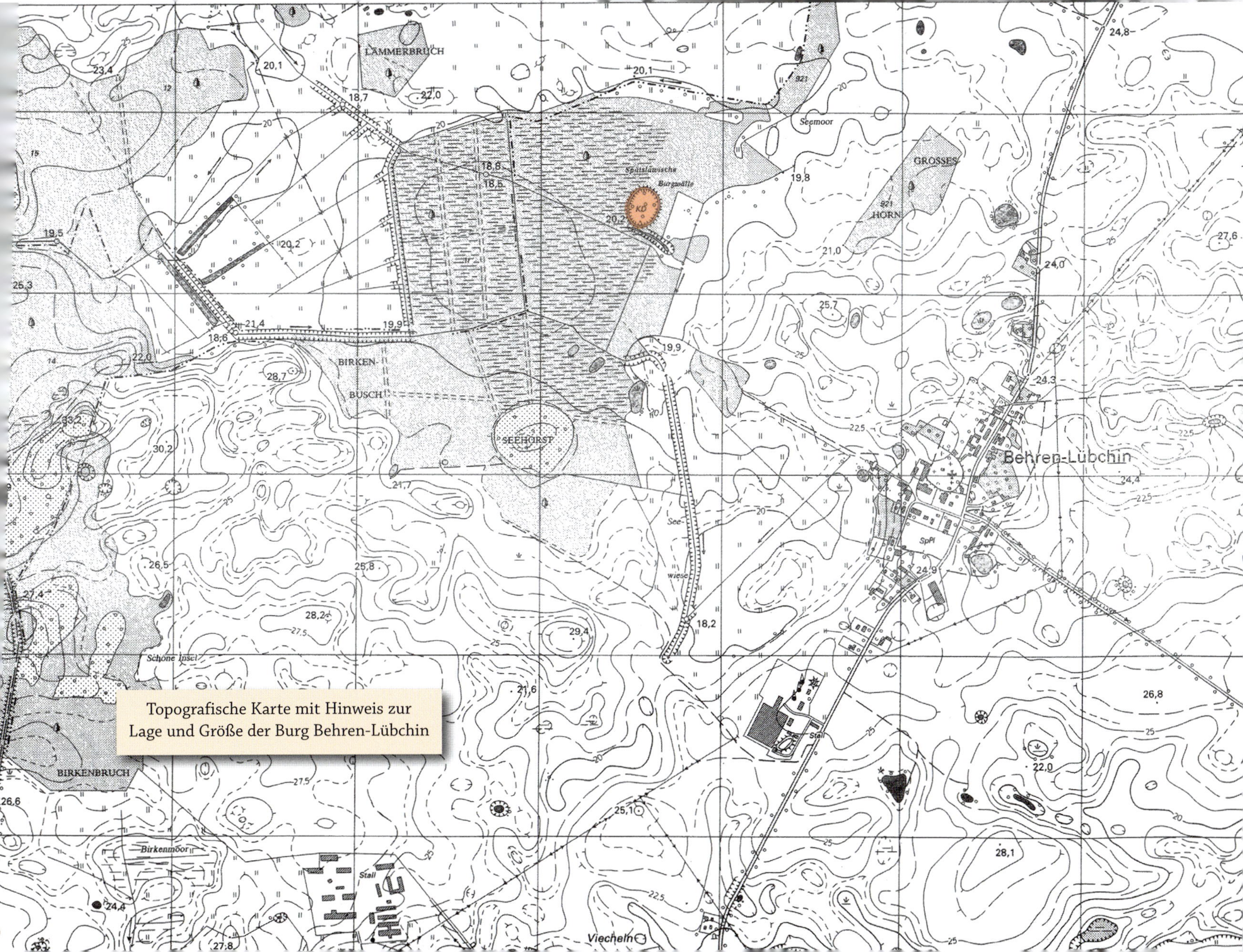

Topografische Karte mit Hinweis zur Lage und Größe der Burg Behren-Lübchin

Auch die benachbarten Orte, Kräpelin westlich von Wusterhusen und Stevelin östlich von Wusterhusen, könnten auf ein militärisches Zentrum hinweisen: das russische Wort „kreplenije“ bedeutet befestigen; „stawka“ heißt Stab, Hauptquartier. In diesem Zusammenhang kann angenommen werden, dass Kräpelin Teil eines Verteidigungsringes um Wusterhusen war, der aus Befestigungsanlagen (wahrscheinlich kleinen Burgwällen) auf höher gelegenen Punkten zur Kontrolle der Wege zu den Nachbarorten gebildet wurde: Höhe 24,5 nordwestlich, Höhe 23,9 und Höhe 48,0 (Hoher Berg) nordöstlich, Höhe 25,3 und ein 30 m hoher Hügel (heutige Siedlung an der Straße nach Pritzwald und Rubenow) östlich, Höhe 23,7 (am Weg nach Konerow) südöstlich, Höhe 30,2 (am Weg nach Gustebin) südlich, Höhe 33,1 (Grelleberg an der Straße nach Brünzow) südwestlich von Wusterhusen.
Nicht alle Ortsnamen slawischen Ursprungs weisen auf die ursprüngliche Funktion der Siedlung hin:
Brünzow könnte von dem polnischen Wort „bryndza“ mit der Bedeutung „Schafkäse“ abgeleitet sein und damit auf die Funktion einiger Dörfer als Nahrungsmittellieferanten für den vermuteten umfangreichen Siedlungskomplex hinweisen. Wegen der strategisch und verkehrstechnisch günstigen Lage am Zieseübergang und am Übergang an der Grämitz ist anzunehmen, dass auch das Dorf Groß Ernsthof bereits in der Slawenzeit bestand. Im Kommentar zu den Schwedischen Matrikelkarten für das Land nördlich der Ziese aus dem Jahr 1694 /35/ wird berichtet, dass Groß Ernsthof zur Zeit der „Pommerschen Fürsten“ (also vor dem Aussterben des pommerschen Fürstenhauses 1637) Bryggendorf geheißen habe. Ob hier Brücken über die Ziese und / oder über die Grämitz gemeint sind, ist noch unklar.
Die heute noch bestehenden Dörfer Gahlkow, Latzow und Stielow sowie die heute nicht mehr existierende Siedlungen Warsin /PUMB 1848/ (in Karten aus dem Anfang des 20. Jahrhunderts noch südlich von Spandowerhagen dargestellt) und Kräselin (zwischen Wusterhusen und Lubmin) werden auch bereits vor dem Jahr 1000 bestanden haben. Der Ortsname Warsin kann mit dem russischen Wort „war“ für Pech in Verbindung gebracht werden und als Ort für die Herstellung von Pech bei der Gewinnung von Holzkohle gedeutet werden; Günter Wermusch /26/ bringt Warsin in Zusammenhang mit dem polnischen Wort „warzyc“ für „kochen, brauen, sieden“.
Auch folgende Orte mit deutschen Namen hatten ursprünglich slawische Namen: Ludwigsburg (Darsin, Darsim, Darsem), Klein Ernsthof (Mallin) und Nonnendorf (Mylziz) (nach /36/).

Darsim kann nach den polnischen Worten „dar“ (Geschenk) und „ziemia“ (Erde, Grund, Boden) als „Geschenk der Erde“ gedeutet werden; wahrscheinlich bezieht sich diese Benennung auf die vom Verfasser dort vermuteten Salzquellen. Die geologische Struktur dieses Bereichs gleicht der Untergrundstruktur anderer Orte (z. B. die Salinen im Rosental nördlich von Greifswald, Grimmen, Bad Sülze), an denen Salzgewinnung im frühen Mittelalter nachgewiesen wurde. In „Vineta“ von Goldmann / Wermusch /9/ ist zu lesen: *„Da kommt die Nachricht, die Dänen hätten Darsin überfallen und die Salzsiedereien zerstört.“*
Nach den Forschungsergebnissen von Hornemann /37/ gab es außer den vorstehend genannten Siedlungen, zum Teil noch bis in die Zeit nach der Gründung des Klosters Eldena 1199, folgende Siedlungen: Gubistwiz und Merotiz nördlich von Ludwigsburg, Quesche nördlich von Neuendorf, Gwisdoy am Kessiner Berg östlich von Neuendorf sowie Wusterbode am Vierower Bach bei der Straße zwischen Vierow und Lubmin. Der insbesondere wegen der reichen Funde aus slawischer Zeit hervorstechende Standort Gwisdoy am Kessiner Berg war offenbar ein wichtiger Grenzort an der Ziese mit einer Fähre oder Furt nach Kemnitz. Ruchhöft /38/ verortet das o. g. Gubiswitz südwestlich von Darsim in der Nähe der Boddenküste und Merotiz südlich der Ziese, östlich von Kemnitz sowie Quetzke nördlich der Ziese, nordöstlich von Merotiz. Er nennt weitere damalige Siedlungen: Budim nordwestlich von Darsim und Jarizin nördlich der Ziese, nordwestlich von Kemnitz.
Im Preußischen Urmeßtischblatt /PUMB 1848/ ist um 1836 der heute nicht mehr existierende Ort Behnken südwestlich von Kröslin dargestellt.
Durch Oberflächenfunde haben Hornemann und andere (siehe /37/ und /38/) weitere ehemalige slawische Siedlungsplätze nachgewiesen, so dass eine relativ dichte Besiedlung des ehemaligen Landes Wusterhusen (Land Vineta) in der Slawenzeit belegt werden kann.

Der vor 1000 Jahren wichtigste Ort nördlich der Ziese, die **Handelsmetropole Jumne oder Vineta**, ist entsprechend den Überlieferungen untergegangen, d. h., eventuell vorhandene Überreste liegen unter Wasser.
Unter Berücksichtigung der datierten archäologischen Funde der ehemaligen Handelssiedlungen von Menzlin, Rostock-

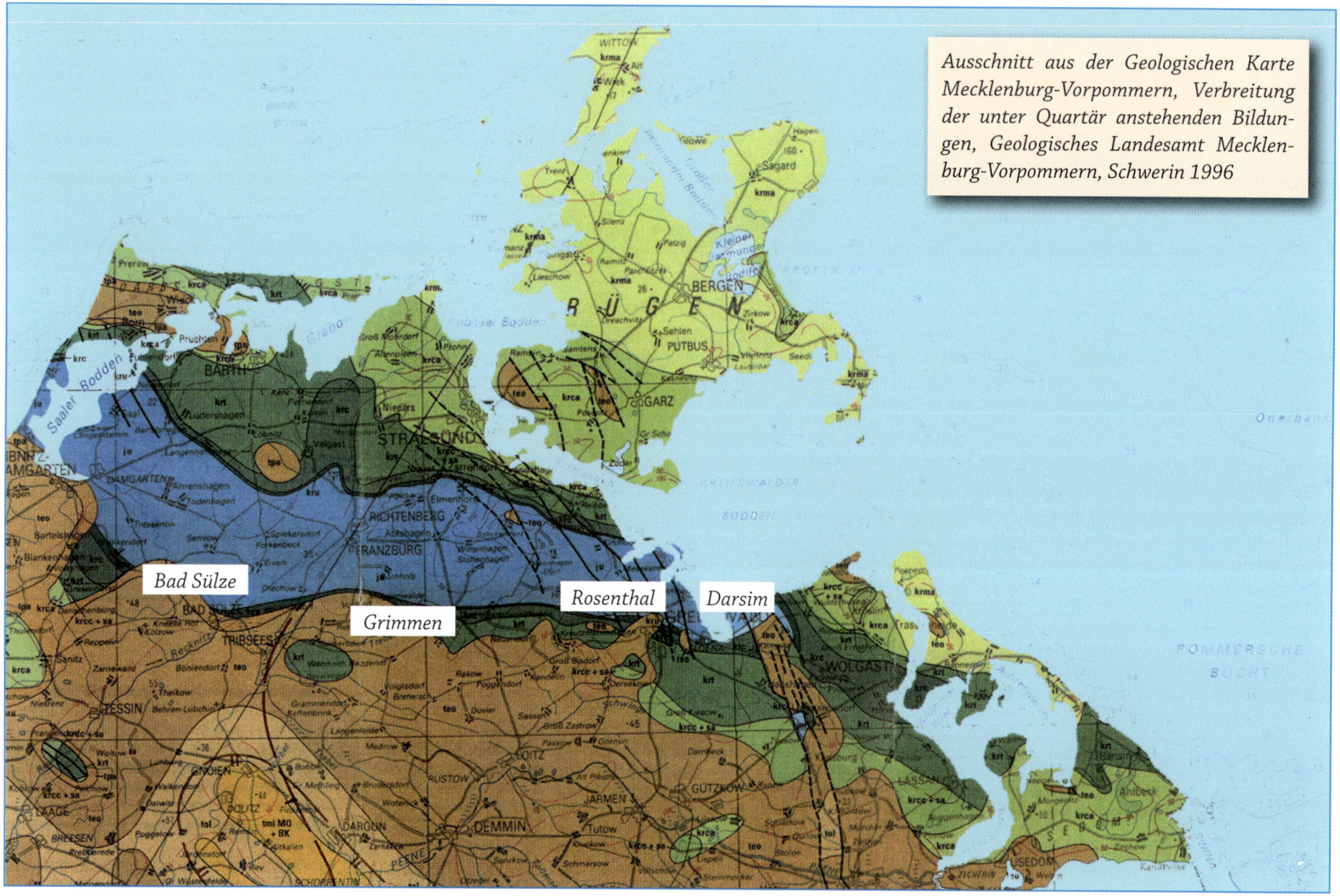

Ausschnitt aus der Geologischen Karte Mecklenburg-Vorpommern, Verbreitung der unter Quartär anstehenden Bildungen, Geologisches Landesamt Mecklenburg-Vorpommern, Schwerin 1996

Primelberg, Groß Strömkendorf (Reric) und Ralswiek kann angenommen werden, dass der Handelsort Vineta bereits um 750 bestand. Vedel Simonsen /40/ berichtet: *„und endlich Nicolaus von Klemptzen, dass sie von Wenden Anno 778 angelegt wurde, als Ratzlaff Fürst von Rügen war“.*

Nach den Angaben des Generalplans Küsten- und Hochwasserschutz Mecklenburg-Vorpommern /41/ betrug der Rückgang der Küstenlinie des Greifswalder Boddens bei Lubmin 20 m in den letzten 100 Jahren. Es kann vermutet werden, dass in den vergangenen 1000 Jahren die Küstenlinie des Greifswalder Boddens (Nordküste des Landes Vineta) 400 m bis 600 m nach Süden verlegt wurde. Alfred Gomolka /42/ gibt für den Zeitraum zwischen 1694 bis 1970 einen Küstenrückgang bei dem 1970 teilweise noch vorhandenen, heute nicht mehr existierenden Freesendorf (östlich von Lubmin, siehe auch PUMB 1847), von 150 bis 200 m an. Aus diesem Fakt, aus den geologischen Bedingungen (östlich von Lubmin zieht sich bis an die heutige Boddenküste eine Fläche mit „sandigen Sedimenten des Alt- und Jungmoränengebietes“) und aus den topografischen Bedingungen sowie nach Auswertung der Texte zu den schwedischen Matrikelkarten kann angenommen werden, dass der Hafen- und Handelsort Vineta auf einer Insel (ursprünglich eventuell Halbinsel) nordöstlich von Lubmin lag. Die Verbindung zur Insel wird durch eine Furt, später mit einer Brücke über das schmale Gewässer, hergestellt worden sein; Saxo Grammaticus erwähnt eine marode Brücke bei seinem Bericht über Vineta (nach /9/).

Die Annahme zum Standort des Handelsortes Vineta wird gestützt durch die von Goldmann und Wermusch /9/ zitierte Überlieferung: *„der Seehafen liegt .... ganz im Norden der Stadt“; „eine dritte Burg, allein der Verteidigung gewidmet, liegt an der Südostgrenze Vinetas, direkt am Meer. Dort unterhalten die Vineter einen weiteren großen Hafen, der in früherer Zeit nur Kriegsschiffen vorbehalten war, ... Jomsburg“; „...... kommen die Fischer von der See zurück. Ihr Hafen liegt in einer sturmgeschützten Bucht im Nordosten der Stadt* (m. E. Freest)“.

An dem Gewässer, das die Insel vom Land Vineta trennte, wird der Hafen gelegen haben. Die Befestigungen der Ufer und die Hafenanlagen werden so gestaltet gewesen sein, wie entsprechende Bereiche der ehemaligen Handelsplätze Ralswiek und Wollin nach den Ergebnissen der archäologischen Untersuchungen beschrieben werden. Eine Anschauung von Hafenplätzen aus dem 8./9. Jahrhundert zeigt der Entwurf von J. Herrmann zur Rekonstruktion von Ralswiek in /43 /.

Wie slawische Handelsplätze, die auch von Angehörigen fremder Völker (Kaufleute, Handwerker oder Sklaven) besiedelt waren, entstanden und sich entwickelten, ist von Herfert /43/ am Beispiel des Ortes Ralswiek ausführlich beschrieben worden. Auch die Rekonstruktion des etwa zur selben Zeit bedeutenden Handelsplatzes Haithabu an der Schlei gibt Hinweise auf die Gestaltung damaliger Handelsorte.
Adam von Bremen /12/ schreibt: *„Es ist wahrlich die größte von allen Städten, die Europa birgt; in ihr wohnen Slawen und andere Stämme, Griechen und Barbaren. Auch die Fremden aus Sachsen haben gleiches Niederlassungsrecht erhalten, wenn sie auch während ihres Aufenthaltes ihr Christentum dort nicht öffentlich bekennen dürfen. Denn noch sind alle in heidnischem Irrglauben befangen; abgesehen davon wird man allerdings kaum ein Volk finden, das in Lebensart und Gastfreiheit ehrenhafter und freundlicher ist. Die Stadt ist angefüllt mit Waren aller Völker des Nordens, nichts Begehrenswertes und Seltenes fehlt.“*
(zitiert nach J. Herrmann „Zwischen Hradschin und Vineta“ /44/)
Zu den Bewohnern und Gästen von Vineta zählten auch die Wikinger, Skandinavier, die im 9. bis 11. Jahrhundert als Eroberer, Siedler, Kaufleute und Handwerker Spuren in Europa hinterließen.
Zur damaligen Bedeutung der Handelsstadt Vineta/Jumne gibt es folgende Hinweise aus alten Berichten:
Der Kaufmann und maurische Gesandte Ibrahim ibn Jaqub berichtet um 970 (nach /9/): *„Im Westen von dieser Stadt (der sagenhaften Stadt der Amazonen) lebt ein slawischer Stamm, der das Volk Ubaba genannt wird. Er wohnt in sumpfigen Gegenden vom Lande des Mescheqqo* (Polenherzog Mieszko I.) *nach Nordwesten. Sie haben eine große Stadt am Weltmeer, die zwölf Tore und einen Hafen hat, und sie verwenden für ihn Reihen von Klobenholz. Sie bekriegen den Mescheqqo, und ihre Streitkraft ist gewaltig. Sie haben keinen König und lassen sich von keinem einzelnen regieren, sondern die Machthaber unter ihnen sind ihre Ältesten.“*
Saxo Gramaticus schreibt (nach Richard Hennig /21/ und Günter Wermusch /16/), dass die Jomsburg bei der *„vornehmsten Stadt“* im pommerschen Wendenland erbaut wurde; d. h. Vineta war bereits um 960 die bedeutendste Stadt im damaligen Pommern. Nach Goldmann und Wermusch /9/ berichtet Saxo aus dem 10. Jahrhundert, dass der sagenumwobene Palnatoki (der im Auftrage des Dänenkönigs Harald Blauzahn und mit Billigung des polnischen Herzogs Mieszko I. die Jomsburg ausbaute) aus der Provinz Jumne stammte. Das bedeutet, dass die Hafen- und Handelsstadt Vineta/Jumne in der gleichnamigen Provinz lag, die vom Verfasser als das Land Vineta angesehen wird.

In der norwegischen Geschichtsschreibung des 12. Jahrhunderts wird (nach Hennig) berichtet: um 980 hat eine norwegische Flotte Winterquartier bezogen bei *„civitate Jomne, que est firmissima inter Sclavia urbes“* (bei der Stadt Jumne, welche die stärkste unter den slawischen Orten ist).
Adam von Bremen und Helmold von Bosau berichten (nach /9/), dass der Dänenkönig Harald Blauzahn nach seiner Verwundung und Niederlage in der Seeschlacht von Helgenes (dänischer Ort bei Aarhus) gegen seinen Sohn Sven Gabelbart im Jahre 986 in die Slawenstadt Jumne bzw. Vineta flüchtete und dort starb. Wahrscheinlich flüchtete sich Harald nach Vineta, weil er sich dort vor seinen dänischen Feinden sicher fühlte und weil er glaubte, in der berühmten Stadt die beste ärztliche Behandlung zu finden. Es gibt die Vermutung, dass Harald oder seine Gefährten bei der Reise nach Vineta auf Hiddensee den berühmten Goldschmuck vergraben haben, da sie nicht sicher waren, wie sie als Christen im „heidnischen“ Vineta aufgenommen werden würden.
Richard Hennig /21/ meint, dass die Stadt Jumne den Höhepunkt ihrer Entwicklung um 1070 erreicht hatte. Nach der 1043 erfolgten Zerstörung der Befestigungsanlagen der Jomsburg konnte der ehemalige Kriegshafen für den Handelsverkehr genutzt werden.
Die **Zerstörung von Vineta**, nach dem der Schutz durch die Jomsburg 1043 verloren gegangen war, könnte 1043 durch den Dänenkönig Magnus begonnen worden sein, bei den Kriegszügen des Dänenkönigs Knut (der Heilige) zwischen 1080 und 1086 gegen die Ranen, bei der Eroberung Julins nach der Belagerung von Usedom durch den Dänenkönig Niels um das Jahr 1130 und bei dem 10. Wendenzug des Dänenkönigs Waldemar I. im Mai 1166 gegen Wolgast und Ostrozne fortgeführt worden sein (siehe /8/). Helmold von Bosau berichtet in seiner Slawenchronik spätestens 1171 von Vinneta oder Jumneta (nach /9/): *„Ein König der Dänen soll diesen höchst wohlhabenden Platz mit einer sehr großen Flotte angegriffen und völlig zerstört haben. Die Überreste sind noch jetzt vorhanden.“*

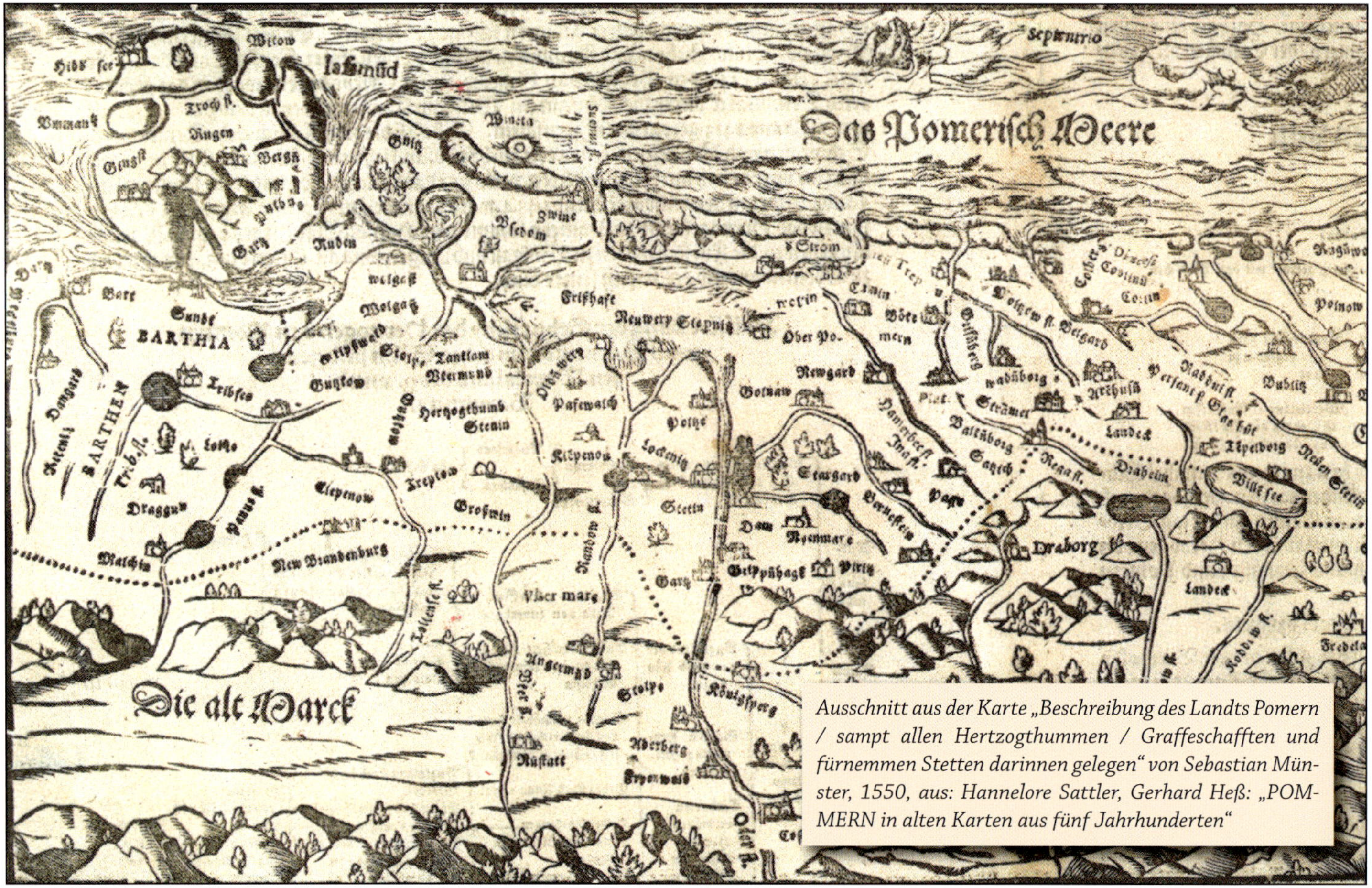

Ausschnitt aus der Karte „Beschreibung des Landts Pomern / sampt allen Hertzogthummen / Graffeschafften und fürnemmen Stetten darinnen gelegen“ von Sebastian Münster, 1550, aus: Hannelore Sattler, Gerhard Heß: „POMMERN in alten Karten aus fünf Jahrhunderten“

Die Bezeichnungen „Jumne“, „Jumneta“ und „Vineta“ bezeichnen denselben Ort; aus „Jumne“ entstand durch Latinisierung „Jumneta“ und daraus wurde durch Abschreibfehler „Vimneta“ und „Vineta“. Bei den Abschriften kann eine Rolle gespielt haben, dass in früheren Zeiten das Wort „Veneter“ offenbar eine andere Bezeichnung für „Slawen“ war; auch in der heutigen Provinz Venetien in Oberitalien siedelten ehemals Slawen. Aus dem Wort „Veneter“ entwickelte sich die Bezeichnung „Wenden“, die u. a. von den in die slawischen Gebiete eingewanderten Deutschen für die Slawen verwendet wurde; was noch heute an den mittelalterlichen Ortsnamen nachgewiesen werden kann: z. B. Wendisch Baggendorf bei Grimmen, Wendischbaselitz (auf Sorbisch: Serbske Pazlicy).
Alle Erwähnungen des Ortsnamens „Julin“ in Berichten über Ereignisse nach 1168 beziehen sich auf den Standort der heutigen Stadt Wolin. Die von Hermann Bollnow /23/ widergegebenen Berichte von Saxo Grammaticus über den 13. Wendenzug 1170 und den 15. Wendenzug 1173 des Königs Waldemar I. von Dänemark nach Wollin und Kammin legen diesen Schluss nahe. Der Name „Julin“ ist offenbar abgeleitet von dem Wort „Wolin“, das im Pomoranischen wie „Wuolin“ ausgesprochen wird. Dass „Jumne“ und „Wolin“ in historischen Schriften oft verwechselt bzw. für den selben Ort gehalten werden, liegt wohl daran, dass beide „Städte“ im Siedlunggsgebiet des Stammes der Wolliner lagen; diese siedelten auf den Inseln Wollin und Usedom und wahrscheinlich auch auf der Insel Vineta.
Saxo Grammaticus berichtet nach /9/, dass im Jahr 1173 die Dänen unter König Waldemar I. und Bischof Absalon, als sie von Stettin nach Rügen fuhren, Lyubin (m. E. das heutige Lubmin, von Saxo im Jahre 1184 als Lubyna bezeichnet) einnahmen.
Beim 17. Wendenzug gegen Ostrozne im Jahre 1178 wurde wohl die Besetzung und Zerstörung des Territoriums bzw. Siedlungskomplexes Vineta (Land Wusterhusen), u. a. des heutigen Ortes Wusterhusen, fortgesetzt.
Vedel Simonsen /40/ schreibt: *„Einige alte polnische Skribenten berichten zwar, dass Julin nach seiner ersten Zerstörung auch Lublin oder Lubin gnannt wurde“*. Das klingt logisch, da nach der Zerstörung der Jomsburg 1043, der Handelsstadt Vineta 1166 und der Festung Ostrozne 1178 Lubmin der bedeutendste Ort im ehemaligen Territorium Vineta war, bis er im Jahre 1184 (ganz ?) zerstört wurde.
Nach /45/ fuhr der dänische König Knut während des 20. Wendenzuges 1184 nach der Verheerung des Landes Tribsees mit seiner Flotte nach Zicker und wollte von dort aus nach Voztrosa segeln, um es zu verbrennen; da der Wind ungünstig stand, konnte Waldemar sein Vorhaben nicht verwirklichen.

Ausschnitt aus der Karte „Pomeraniae Wandalicae Regionis, Typ." von Abraham Ortelius, 1573,
aus: Hannelore Sattler, Gerhard Heß: „POMMERN in alten Karten aus fünf Jahrhunderten"

Berichte von Saxo Grammaticus (nach Hofmeister /46/) über einen Angriff des Dänenkönigs Waldemar I. im Jahre 1170 auf Julin und über die Zerstörung von Julin durch Bischof Absalon unter König Knut VI. im Jahre 1184 beziehen sich wahrscheinlich auf das heutige Wolin.

Die in alten Karten vorgenommene Darstellung von Vineta als Ort auf einer Insel vor der Nordostküste von Usedom

- Sebastian Münster, „Beschreibung des Landts Pomern / sampt allen Hertzogthummen / Graffeschafften und fürnemmen Stetten darinnen gelegen“ und „POMERANIA NOVA TABULA“ aus der „Cosmographey“, 1544 und 1550 (siehe /47/) („Wineta“ als Stadt auf einer Insel vor der Küste der Insel Usedom zwischen „Gnitz“ und „Zwine“)
- Casparus Danckwerth mare suevicum / mare balticum Universis Tabulum, 1572 („Iulin“ als Ort an der Ostseeküste zwischen „Camerin“ und „Gripswol“, zwischen der Oder- und der Peenemündung)
- Abraham Ortelius, Pommernkarte „Pomeraniae Wandalicae Regionis Typus“ aus „Theatrum Orbis Terrarum“ ,1573 (siehe /47/), (Darstellung von Vineta wie bei Sebastian Münster)
- Abraham Ortelius, „RVGIAE, VSEDOMIAE, ET IVLINAE, Wandalicarum insularum Vera descriptio“, 1584 (siehe auch /9/ und /16/)
- Frans Hogenberg, „Deutschlandt Germaniae Typus“, 1576 (nach /48/)
- Mercator, Germania-Karte aus der Ptolemaeus-Ausgabe „Venedicus finus“ 1578 und „Germania Universalis 1585 und Karte von 1589 (Wineta und Jomsburg in der Nähe des Streckelsbergs, mit der Anmerkung “Wineta, von König Konrad von Dänemark zerstört“) (nach /48/)
- Lucas Jansz Waghenaer, Seekarte, Leiden 1585 (Darstellung von „Wineta“ als Inseln an der Nordspitze von Usedom, sehr ungenaue Karte, keine Darstellung von Darß/Zingst, Rügen und Hiddensee als eine Insel) (nach /49/)
- Matthias Quad von Finkelstein, 1592, Karte „Sachsenlandt“ aus dem Kleinen Atlas von Europa (siehe auch /50/)
- Joan Bussmeehr, „Saxorum regionis eius gentis imperium nomenque olim patebat, recens germanaque delineatio, Christiano Schrotenio authore quia loci angustia non pateretur sic de industria necessario tamen in hac mappa aliqua Opida amisimus“, Köln 1592

Ausschnitt aus der Karte „POMERANIAE DUCATUU EXACTA" von J. W. Michaelis, um 1707, aus: Hannelore Sattler, Gerhard Heß: „POMMERN in alten Karten aus fünf Jahrhunderten"

- Gerhard Mercator, Karte „Marca Brandenburgensis & Pomerania“ aus „Atlas sive Cosmographiae ..Duisburgi Clivorum 1595“ mit der Anmerkung „Handelszentrum Wineta zerstört im Jahre 1030 durch Conrad König von Dänemark“ (siehe auch /48/)
- Nikolaus Göde, Karte von Pommern, 1595 (im Stadtarchiv Stralsund)
- Jean Natale Metellus, „Marca Brandenburgis & Pomerania“, um 1597 (mit der Anmerkung „Wineta Imporium destructum) (nach /49/)
- Eilhard Lubin, „NOVA ILLUSTRISSIMI PRINCIPATUS POMERANIAE DESCRIPTIO“, 1618, mit der Anmerkung „Die Stadt Wineta hier einst durch König Conrad, König von Dänemark, zerstört“ (siehe auch /9/; in der Karte von 1619 ist Vineta nicht mehr dargestellt) (siehe Geographisches Institut der Ernst-Moritz-Arndt-Universität Greifswald)
- Rumold Mercator, „NOVA ET ACCURATA TOTIVS GERMANIAE TABVLA“, 1664, aus dem Rostocker Großen Atlas, Amsterdam 1664, mit der Anmerkung „Handelszentrum Wineta zerstört im Jahre 1030 von Conrad, König von Dänemark“ (siehe Universitätsbibliothek Rostock)
- Nicola Sanson, „LE DUCHEE DE POMERANIE ...“, 1676, mit der Anmerkung „Wineta R.“
- F. de Wit, „DUCATUS POMERANIAE Tabula Generalis“, Amsterdam, um 1690 /47/
- H. Iaillot, nach Sanson, „LE DUCHE ´ DE POMERANIE ......, Paris 1684, 1692 und 1700 (Insel und Ort „Wineta R.“ an der Nordspitze von Usedom; die Darstellung der Insel Ruden westlich der Einmündung des Peenestroms in den Greifswalder Bodden zeigt die Ungenauigkeit der Karte)
- Philipp Clüver, Karte von 1694 (mit der Anmerkung „Wineta, von König Konrad zerstört“) (nach /49/)
- Georg Christoph Kilian, „Geographische Vorstellung des Herzogthums Vor-Pommern ...“, Augsburg, nach 1720, mit der Anmerkung „Wineta Ruae“
- Johann Babtist Homann / Johann Hübner, „Regni Daniae“, Nürnberg, ca. 1740
- Tobias Conrad Lotter, „Marchionatus Brandenburgensis, Ducatus Pomeraniae et Ducatus Mecklenburgicus“, Augsburg, um 1740, Darstellung als Insel an der Nordspitze der Insel Usedom, mit der Anmerkung „Wineta Emperium olim celeber: aquarum aestu absorpt“

- Tobias Conrad Lotter, „Tabula Generalis Totius Pomeranie ...", Augsburg 1759
- Andreas Maier, Pommernkarte, 1763
- Tobias Conrad Lotter, „DANIAE REGNUM CUM DUCATU HOLSATIAE ET SLESVICI", Augsburg 1770
- Karte des nördlichen Teils des Sächsischen Kreises, Venedig 1780
- Franz Ludwig Güssefeld, „Das Herzogthum Pommern ..", Nürnberg 1792, mit der Anmerkung „Wineta eine untergegangene Stadt" (nach /47/)
- A. G. Schneider, „SpecialCharte vom Herzogthum POMMERN", Weigelsche Kunsthandlung Nürnberg 1792 (nach /47/)
- A. Mayer, „Pomeraniae Anterioris Svedicae ac Principatus Rugiae Tabula Nova", Augsburg 1806, mit der Anmerkung „Rudera Vinetae aquis submersae"

meint eventuell eine auf einer untergegangenen Insel gelegene Burg vor der heutigen Ostseeküste zwischen Zinnowitz und Koserow zur Überwachung der ehemaligen Verbindungen zwischen dem Achterwasser und der Ostsee (Siehe Karte „Küstenlinien, Wasserläufe, Burgwälle und Handelszentren zwischen Recknitz und Swine um das Jahr 1000").
Wahrscheinlich liegt dem Hinweis auf König Conrad eine Verwechslung zugrunde; Wehrmann /68/ berichtet, dass im Jahre 1019 König Kanut (Knut der Große 1018 – 1035) von Dänemark mit einem gewaltigen Heer an der Ostseeküste Pommerns landete. Carl Schuchardt /20/ gibt für den Angriff von Knut dem Großen auf Vineta das Jahr 1030 an.
Andererseits ist es möglich, dass die o. g. Karten die Lage des untergegangenen Handelsortes Vineta, der auf einer Insel vor der Küste bei Lubmin lag, ungenau darstellen. Die ältesten der o. g. Karten waren von erheblicher Ungenauigkeit, z. B. bei der Darstellung der Inseln Rügen und Hiddensee; die unrichtige Darstellung von Vineta auf einer ehemaligen Insel nordöstlich der Insel Usedom wurde dann von den anderen Kartographen übernommen.
Auf dem Preußischen Urmeßtischblatt 1950 (angefertigt um 1835) ist auf einer Untiefe in der Ostsee, nördlich vom Forsthaus Damerow, ca. 350 bis 400 m von der damaligen Uferlinie der Insel Usedom entfernt das Wort „VINETA" eingetragen.

Der Untergang der Insel mit dem Hafen- und Handelsort Vineta wird mehrere Ursachen gehabt haben:
Zum einen wird das Land durch den Angriff der Wellen bei Sturm kontinuierlich abgetragen worden sein, ähnlich dem heute noch zu beobachtenden Prozess des Küstenrückgangs in diesem Gebiet.
Andererseits ist es denkbar, dass die Gründer Vinetas vor vielleicht 1300 Jahren (dem Beginn der Errichtung befestigter Siedlungen und Burgen im 7. Jahrhundert durch die Slawen zwischen Elbe und Oder, wie von Joachim Herrmann /44/ vermutet) durch Auswertung von überlieferten Nachrichten und durch eigene langjährige Beobachtung der Wasserstände bei Hochwasser glaubten, bei 1,8 m über dem damaligen normalen Pegelstand sei der höchste denkbare Wasserstand erreicht und auf den höher liegenden Flächen könne gefahrlos gebaut werden. Sie konnten nicht wissen, dass damals der Wasserspiegel der Ostsee und der Bodden kontinuierlich stieg; das erhebliche Steigen des Wasserstandes hat sich nach Schumann /25/ erst um das Jahr 1000 verlangsamt. Dr. Walter Schumacher (siehe auch /51/) teilte in einem Schreiben an den Verfasser mit, dass der Wasserspiegelstand an der südlichen Ostseeküste vor 1000 Jahren nach seinen Untersuchungen etwa 1,25 m niedriger als der heutige Normalwasserstand war.
Nach dem Generalplan Küsten- und Hochwasserschutz /41/ kann heute mit einem maximalen Wasserstand von 2,75 m über NN an der Küste bei Lubmin gerechnet werden. In engen Buchten wie dem vermuteten Hafenbereich von Vineta könnte der höchste Wasserstand 3,0 m erreichen, wie das anzunehmende Bemessungshochwasser für Greifswald-Wieck zeigt. Solch ein gewaltiges Hochwasser, das sich wahrscheinlich höchstens einmal innerhalb von 1000 Jahren ereignet, wird Vineta betroffen haben. Die gefährlichste Hochwasser-Situation entstand, wenn ein tagelanger Sturm aus Nordwest viel Ostseewasser durch den Strelasund in den Greifswalder Bodden gedrückt hat und gleichzeitig ein Oder-/Peene-Hochwasser (hervorgerufen durch Schneeschmelze oder starke Niederschläge im Einzugsbereich der Oder) von Südosten den Greifswalder Bodden erreichte; die damals noch schmale Verbindung zwischen dem Greifswalder Bodden und der Ostsee konnte die gewaltigen Wassermassen nicht schnell genug in die Ostsee abfließen lassen. Goldmann und Wermusch /9/ zitieren aus einer Überlieferung: beim Untergang der Stadt *„herrschte ein stürmischer Westwind“* und *„die angeschwollene Oder schob riesenhafte Eisschollen in die See hinaus“*. Möglicherweise lag die gesamte besiedelte Fläche von Vineta weniger als 3,0 m über dem damals normalen Wasserstand und war zum Teil wegen des

seit der Gründung der Siedlung angestiegenen Normal-Wasserstandes bereits eingedeicht. Die Deiche, die gleichzeitig als Verteidigungswälle dienten, waren durch die o. g. kriegerischen Ereignisse beschädigt oder zerstört worden. Die auf Sand gebaute Handelssiedlung wurde gänzlich überflutet und durch die mit dem Hochwasser verbundene reißende Strömung abgetragen. Richard Hennig /21/ teilt mit, dass im Jahre 1176 oder 1177 der Bau von Sperrforts an der Swine durch eine Sturmflut verhindert wurde. Joachim Herrmann /52/ berichtet zur Auswertung der Untersuchungen in Ralswiek, dass die Handelssiedlung Ralswiek am Ende des 12. Jahrhunderts durch Hochwasser beeinträchtigt wurde. Dieses Hochwasser oder die Sturmflut von 1184 (nach Walter Schumacher /51/) könnte die um 1171, d. h. nach der Zerstörung durch die Dänen, noch sichtbaren Überreste der Handelssiedlung Vineta vernichtet haben.

Das „Volks-Conversationslexikon" (Bd. 18. Stuttgart 1846) berichtet nach /53/: *„Vineta, oder Julin, der erste größere Handelsplatz des europäischen Nordens auf der Insel Wollin, vom 5. bis 9. Jahrhundert von Wenden gegründet, später unter der Herrschaft der Skandinavier, 1183 vom Meer zu einer Zeit verschlungen, wo der Ort bereits nicht mehr bedeutend war."* Auch Günter Wermusch /9/ erwähnt in Auswertung einer alten Mitteilung, dass infolge von Streitigkeiten zwischen den in

Vineta ansässigen slawischen und deutschen Kaufleuten und wegen der für größere Schiffe zu geringen Wassertiefe der Häfen die Bedeutung Vinetas als Handelszentrum bereits vor der Zerstörung gesunken war.
Abgeleitet aus dem geologischen Aufbau der auf dem heutigen Festland angrenzenden Flächen, kann angenommen werden, dass Vineta auf Sand gebaut war, der im Vergleich mit den Lehm- bzw. Mergelböden westlich von Lubmin relativ leicht durch Fluten abgetragen werden konnte.

- Auf der Karte von Rügen des Eilhard Lubin, 1609, (Stadtarchiv Stralsund),
- auf der Karte „Nova illustrissimi Ducatus Pomerania Tabula“ von Eilhard Lubin, etwa 1633 (siehe /9/),
- auf der Karte „NOVA ILLUSTRISSIMI DUCATUS POMERANIAE TABVLA“ von Joannes Janßonius, 1633, von der Lubinschen Karte abgeleitet und korrigiert,
- auf der davon abgeleiteten Karte „RVGIA INSVLA AC DVCATUS“ von Johannes und Cornelis Blaeu, um 1640, (siehe /54/),
- auf dem Kupferstich von Caspar Merian aus dem Jahre 1652 „Pomeraniae Ducatus Tabula“
- auf den offenbar davon abgeleiteten Karten:
  - „CARTE GEOGRAPHIQUE DU DUCHE´ DE POMERANIE ET MECKLENBOURG“ von N. Visscher um 1640 entworfen, von Peter Schenk um 1750 gedruckt,
  - „POMERANIAE DUCATUS Tabulam“ von Nicolaus Visscher, Amsterdam, um 1685 (siehe /21/),
  - „DUCATUS POMERANIAE Tabula Generalis“ von Frederik de Wit, Amsterdam, um 1690 (siehe /47/),
  - „POERANIAE DUCATUU TABULA EXACTA“ von J. W. Michaelis, um 1707 (siehe /47/),
  - „DUCATUS POMERANIAE novißima Tabula“ von Ioh. Babtist Homann, Nürnberg, o. J.,
  - „Marchionatus Brandenburgensis Ducatus Pomeraniae et Ducatus Mecklenburgicus“ von Tob. Conrad Lotter, Augsburg 1760, (siehe auch /48/),
  - „Pomerania Vtraque eum insertis vicinisq ditionibus curante“ von Chr. Weigel, Nürnberg 1718
  - und „MARCHIONATUS BRANDENBURGENSIS DUCATUS POMERANIAE ET DUCATUS MECKLENBURGICUS“ von Tobias Conrad Lotter, Augsburg 1760,

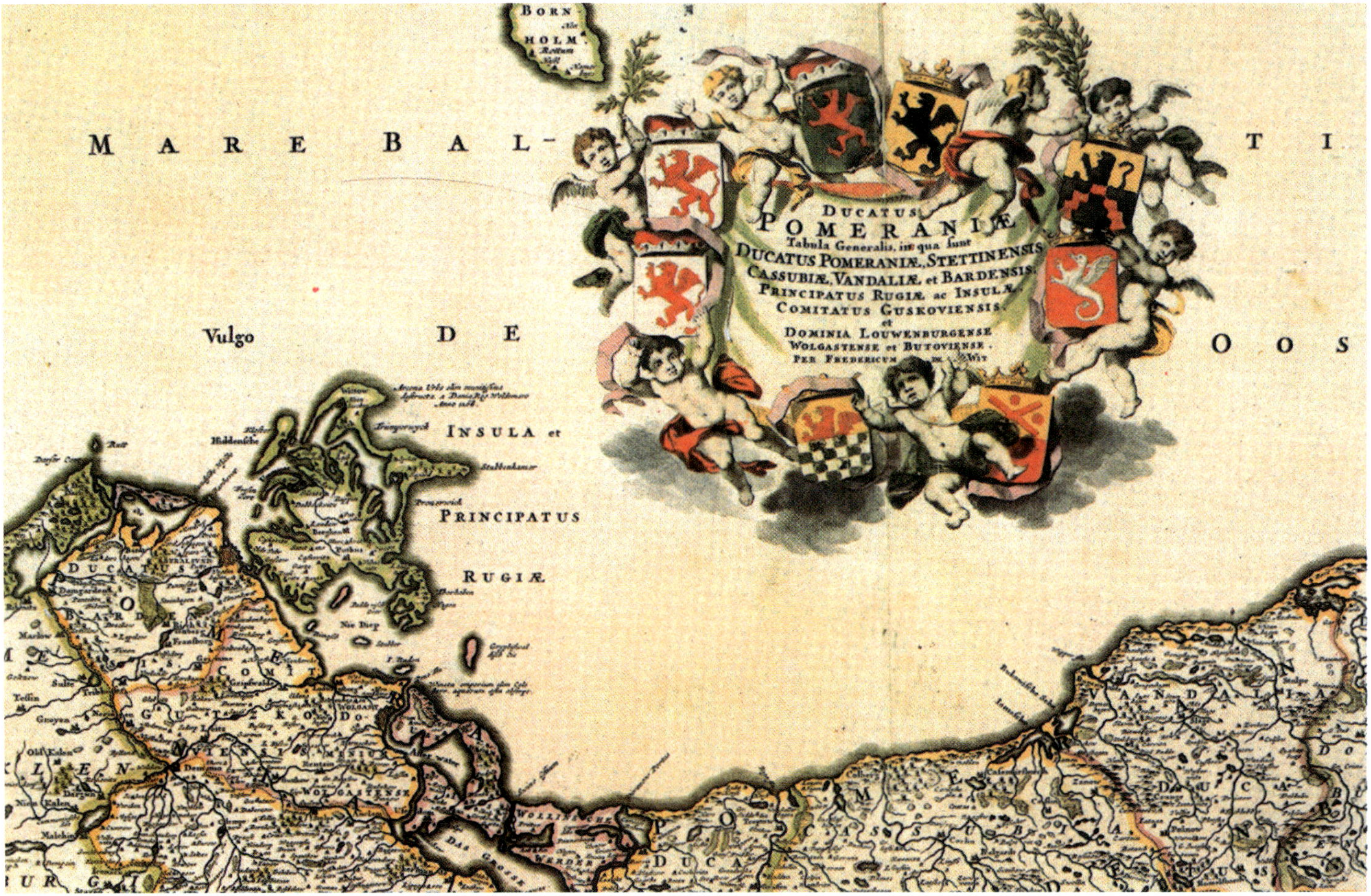
BORN
HOLM.
MARE BAL-
TI
Vulgo
DE
OOS
DUCATUS
POMERANIÆ
Tabula Generalis, in qua sunt
DUCATUS POMERANIÆ, STETTINENSIS
CASSUBIÆ, VANDALIÆ, et BARDENSIS.
PRINCIPATUS RUGIÆ ac INSULÆ,
COMITATUS GUSKOVIENSIS.
et
DOMINIA LOUWENBURGENSE
WOLGASTENSE et BUTOVIENSE.
PER FREDERICUM
INSULA et
PRINCIPATUS
RUGIÆ.

steht in der Nähe der Nordspitze der Insel Usedom die Bemerkung, dass der einstmals berühmte Handelsort Wineta durch Strömung / Brandung im Wasser versunken ist.

- Auf der Karte „Nieuwe Afteekening van hEyland Rugen en de Straalsond" von Gerard van Keulen, Amsterdam, um 1700, (siehe /47/) ist vermerkt: *„Wineta een Keyserlyke Stad ... seer beroemt ... door de Zee ganz weg gespoelt"*.
- Auf der Karte „Mappa POMERANIE ...." von Joh. Walch, 1793 sind 5 Türme (?) auf einer Sandbank vor „Sempin" dargestellt, mit der Anmerkung *„Rudera Vinetae aquis submersae"*.

D. h., durch das Abschwemmen der Sandböden versanken die baulichen Reste von Vineta (z. B. Fundamente aus Feldsteinen) unter die Wasseroberfläche. Spätere Sturmfluten, wie die gewaltige Allerheiligen-Flut am 1.11.1304 (siehe auch /55/) (nach Walter Schumacher /51/ wahrscheinlich am 1.11.1307), die die Landverbindung von Rügen zur heutigen Insel Ruden beseitigte und damit die Verbindung zwischen der Ostsee und dem Greifswalder Bodden weiter öffnete, und Eisgang haben das Zerstörungswerk fortgesetzt. Später wurden die Fundamentreste durch den an der Nordküste des Landes Wusterhusen bei Hochwasser abgetragenen Sand und Lehm eingespült. Daniel Cramer berichtet im Ersten Buch seiner Pommerschen Kirchenchronik /10/, dass die große Sturmflut, die den Ruden von Rügen getrennt hat, sich bereits im Jahre 1209 ereignete. Allerdings setzt er im zweiten Buch /56/ das gleiche Ereignis für das Jahr 1309 an. Eventuell ist die Öffnung des Neuen Tiefs zwischen Mönchgut und dem Ruden in mehreren Etappen erfolgt. In dem um 1700 geschriebenen Kommentar zur schwedischen Matrikelkarte „Freesendorf" /35/ (das heute nicht mehr existierende Freesendorf lag in der Nähe der damaligen Boddenküste, etwa 4 km nordöstlich von Lubmin; auf dem Preußischen Urmeßtischblatt Nr. 1847 von 1835 /56/ liegt der Ort „Fresendorf" direkt an der Küste; Fundamentreste dieses Ortes sind heute im flachen Wasser direkt am Strand zu finden) heißt es: *„Erwähnt zu werden bedarf es aber nicht, dass in früheren Zeiten hier nur ein kleiner Bach zwischen Rügen und diesem Land gewesen sein soll, den man auf einem Pferd überqueren konnte – wie noch erzählt wird"* und *„... denn die ganze Ostsee* (gemeint ist der Greifswalder Bodden) *nordwärts reicht bis an ihre Häuser (Freesendorf) mit einer reinen und fischreichen Bucht, die ein Stück vom Lande entfernt ziemlich seicht"* ist. Das könnte ein Hinweis auf den ehemaligen Standort der Handelssiedlung Vineta sein. Heute ist der Greifswalder Bodden an der Stelle, an der Vineta zu vermuten ist, 1 bis 5 m tief.

Wikingerschiffe landen an

Der sagenhafte Reichtum der Stadt bzw. des Landes Vineta kann damit erklärt werden, dass an diesem Handelsplatz der Austausch von Waren aus fernen Ländern (die von ausländischen Kaufleuten oder als Teil ihrer Kriegsbeute von den Jomswikingern angeliefert wurden) stattfand. Mit den von Adam von Bremen genannten „Barbaren" waren Kaufleute aus den noch nicht christianisierten Ländern, Slawen und Balten, gemeint. Mit „Griechen" waren Händler aus dem christlichen Byzanz gemeint, die über die Kiewer Rus an die Ostsee kamen, wie durch die Funde alter orientalischer Münzen im nördlichen Vorpommern belegt werden kann. Weitere Kaufleute kamen aus Skandinavien und dem Frankenreich. Ausser den Fernhandelswaren wurden die örtlichen Produkte aus dem Handwerkerort Vierow, Boote aus Voddow, Honig, der heute noch bedeutende Fang von Heringen aus dem Greifswalder Bodden (siehe Wehrmann /57/ über die Slawen: *„zum Heringsfange zogen ganze Familienverbände aus"*), Schmuck, Waffen und andere Metallgegenstände aus der Werkstatt bei Nonnendorf, Salz aus den Salzquellen im westlichen Teil der Insel (Darsim) sowie Bernstein (bei der Ausbaggerung der Fahrrinne zum Lubminer Hafen und der Aufspülung des Lubminer Strandes mit dem Baggergut wurden massenhaft Bernsteine gefunden) gehandelt. Der in den topographischen Karten verzeichnete Name „Saltzenwiesen" (in der schwedischen Matrikelkarte „Saltwisch" genannt) für die Grünlandflächen westlich von Ludwigsburg weist auf eine ehemalige Salzgewinnungsstätte hin. Diese Vermutung wird gestützt durch die geologischen Verhältnisse in diesem Bereich; sie ähneln dem geologischen Aufbau des Geländes am Ryck bei Greifswald, bei Grimmen und bei Bad Sülze, wo die Salzgewinnung historisch belegt ist. An allen genannten Orten stoßen die Ablagerungsschichten des Malm, Dogger oder Lias aus dem Erdzeitalter Jura an die Schicht Cenoman oder Unterkreide aus der Kreidezeit. Außerdem findet man heute am vermuteten Ort der Salzquelle die Salzmelde, die auf feuchten salzhaltigen Böden gedeiht. Zur Technologie der Gewinnung des Salzes aus der Sole berichten Hans-Henning Walter und Gabriele Isenberg /58/: Ursprünglich wurde die Sole in Tontiegeln, die übereinander gestapelt waren (Briquetage-Technik), später in Tontiegeln, die in steinernen Öfen erhitzt wurden (wie es Ibrahim ibn Jaqub in der 2. Hälfte des 10. Jahrhunderts als bei den Slawen üblich beschreibt) zu Salz aufbereitet; um das Jahr 1000 hatte sich wohl in den bedeutenden Salinen Europas das Salzsieden in Metallpfannen durchgesetzt. Da Vineta ein weltoffener Platz war, wird dort die neue Siedetechnik bereits sehr früh angewendet worden sein. Winfried Schich /59/ weist an Hand einer Urkunde von Fürst Jaromar I. von

Rügen um 1195 nach, dass in der Saline bei Hilda (früherer Name des Klosters Eldena bei Greifswald) metallene Salzpfannen benutzt wurden. Die kostbaren Salzpfannen der Saline bei Darsim (Ludwigsburg) werden von den Eroberern Vinetas abtransportiert worden sein. Günter Wermusch (siehe /9/) erwähnt in seiner Erinnerung an einen verschollenen Bericht, dass die Dänen bereits vor der Vernichtung von Vineta die Salzsiedereien in Darsin, einem von Vinetas größten Salzlieferanten, zerstörten. Die etwa 1000 m südwestlich von Ludwigsburg (Darsim) am Rande der Saltzenwiesen gefundene Keramik und Herdstelle könnte auf eine ehemalige Salzsiedeanlage hin deuten.

Ob der „Vulkanstopf“ oder das „griechische Feuer“, von dem Adam von Bremen berichtet, das Feuer war, auf dem das Salz gesiedet wurde, oder ob es ein Signalfeuer war, das den Seefahrern die Ansteuerung Vinetas aus nordwestlicher Richtung (Strelasund) oder aus nordöstlicher Richtung (Einfahrt von der Ostsee in den Greifswalder Bodden an der Nordspitze der Insel Usedom) erleichtern sollte, ist noch ungeklärt. Allerdings liegt die Annahme von Hennig /21/, Schuchhardt /20/ und Lange (siehe /53/ mit der Rekonstruktion eines Leuchtfeuers nach Rybakowa) nahe, dass es sich bei dem Vulkanstopf um ein Leuchtfeuer gehandelt hat. Dieses Leuchtfeuer hätte dann sinnvoller Weise auf der Insel mit dem Handelsort und Hafen Vineta gelegen; bei der geringen Höhe der damaligen Anlagen wurde die Sicht auf das Feuer von der Ostsee aus durch die südlichen Ausläufer der Insel Rügen (heute die Insel Ruden) und durch den Nordteil der heutigen Insel Usedom verdeckt, so dass das Leuchtfeuer für die Seefahrer nur sichtbar war, wenn sie durch die Meerenge zwischen Rügen und Usedom direkt auf Vineta zusteuerten. D. h., mit dem Leuchtfeuer wurde nicht nur der Standort des Hafens angezeigt, sondern auch die Einfahrt von der Ostsee in den Bodden gewiesen.

Eine der bedeutendsten Verteidigungsanlagen auf der Insel nördlich der Ziese war die Jomsburg, deren Standort Lutz Mohr (siehe Abbildung aus /11/) nordwestlich von Spandowerhagen vermutet hat. Nach der Rekonstruktion der Küstenlinie um das Jahr 1000 ist zu erkennen, dass bei dieser Darstellung die Jomsburg komplett im damaligen Gewässer gelegen hätte; d. h., es hätte keine trockene Fläche für die Bewohner der Burg zur Verfügung gestanden. Außerdem hätten die Jomswikinger einen unverhältnismäßig langen Steindamm errichten müssen. Dass die Jomsburg aus strategischen Gründen an der Mündung des Peenestroms gelegen haben muss, ist unstrittig. Unter Berücksichtigung der damaligen Uferlinie und der topografischen Situation kommt man zu dem Ergebnis, dass der Hafen der Jomsburg mit seinen überlieferten, für die damalige Zeit ungewöhnlichen Ausmaßen im Bereich der heutigen Niederung östlich von Spandowerhagen lag. Entsprechend der von Schuchhardt aus der Jomsvikinga Saga abgeleiteten Darstellung der Jomsburg (siehe Abbildung aus /20/), allerdings für einen von ihm vermuteten Standort an der Nordwestspitze der Insel Usedom, und nach den heutigen Gewässertiefen in der Spandowerhagener Wiek kann angenommen werden, dass sich die Verbindung zwischen dem Kriegshafen in der Jomsburg und dem Peenestrom im Bereich der heutigen Ortslage Spandowerhagen, westlich des bis zu einer Höhe von 5 m aufragenden wallartigen Geländes an der Küste der Spandowerhagener Wiek befand. Die Wasserfläche des ehemaligen Hafens (heute ein Wiesental) hatte eine Länge von etwa 1100 m und eine Breite von etwa 350 m; sie reichte aus, um einer Flotte von 300 Langbooten, wie in der Jomsvikinga Saga beschrieben (nach /9/), Schutz zu bieten.

Um die Aussagen zur Jomsburg zu verifizieren und zu ergänzen, gab der Verfasser eine Bodensondierung im Bereich des vermuteten ehemaligen Hafenbeckens in Auftrag.

Das Ergebnis der Sondierung /60/, ein Bodenprofil bis 7,00 m unter Oberkante Gelände (0,8 m NHN), kann wie folgt interpretiert werden: Ein Wechsel der Bodenbeschaffenheit wurde in einer Tiefe von 3,43 m unter OKG angetroffen; hier ändert sich der Boden von feinsandig, kalkfrei, mitteldicht zu schwach mittelsandig, stark kalkhaltig, dicht. D. h.: über dieser Tiefe liegt der hereingewehte Sand, sodass der Hafen verlandete; darunter liegt der Sand des ursprünglichen Untergrundes des Hafens. Unter Berücksichtigung der Feststellung von Walter Schumacher /51/, dass der Meeresspiegel an der südlichen Ostseeküste in den letzten 1000 Jahren um 1,25 m angestiegen ist, ergibt sich, dass das Hafenbek-

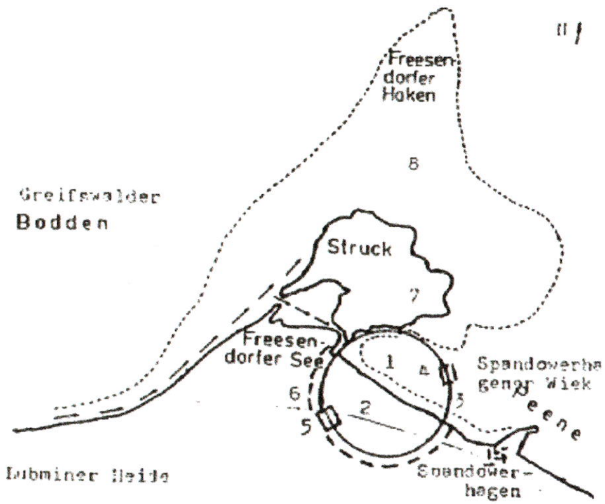

Die Lage der dänischen Jomsburg an der Peenemündung in der Spandowerhagener Wiek nach Studien von Lutz Mohr:

1 Hafenbecken für ca. 300 Wikingerschiffe
2 Burggebäude mit Kultstätte auf dem Festland
3 Ringmauer aus Steinen
4 verschließbares Setor für Schiffe
5 Landtor mit Zugbrücke
6 Schutzwall, Palisade und Graben zur Landseite
7 wahrscheinlicher Werftplatz auf dem Struck
8 natürliche Untiefe Freesendorfer Haken als Schutz vor Überfällen von See her

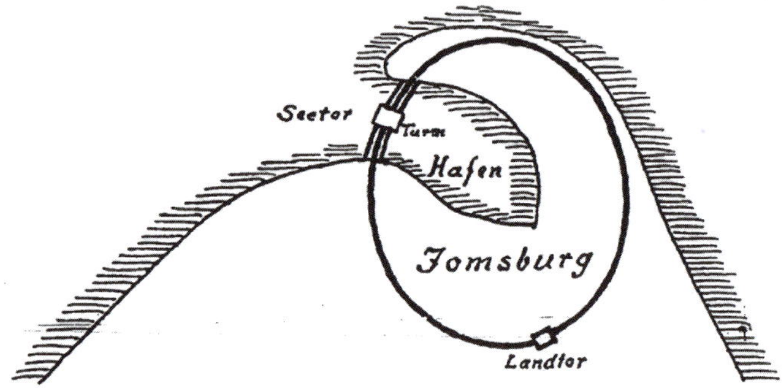

Abb. 28. Rekonstruierter Plan der Jomsburg (Vineta) nach der Jomswikingersage

Ausschnitt aus: Carl Schuchardt „Arkona, Rethra, Vineta". Berlin 1926

Die Lage der dänischen Jomsburg an der Peenemündung in der Spandowerhagener Wiek nach Studien von Lutz Mohr in: Lutz Mohr / Robert Liese „Wikinger zwischen Pommern und Polarkreis", Leo-Verlag, Horn-Bad Meinberg 1997

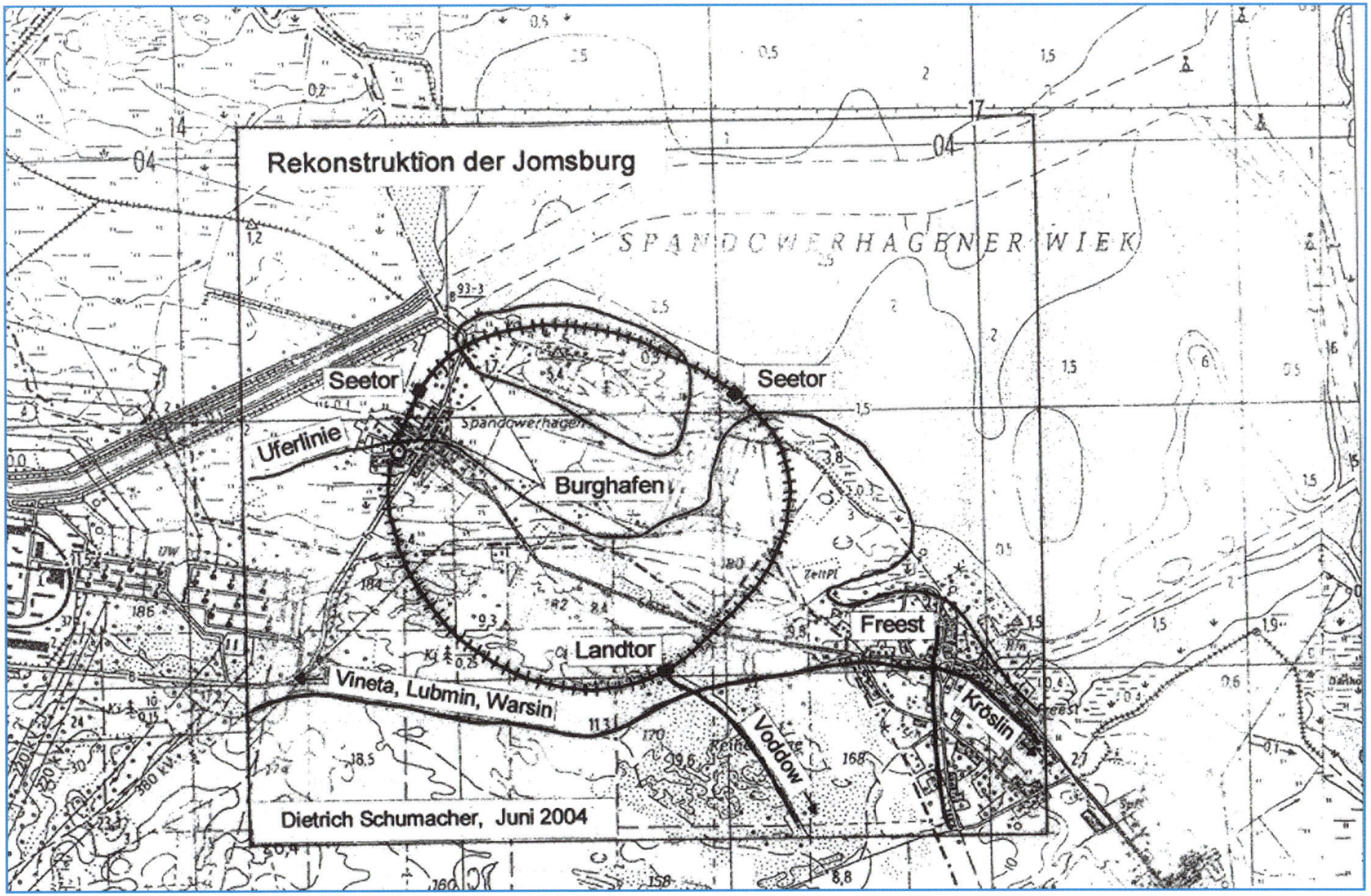
Rekonstruktion der Jomsburg
SPANDOWERHAGENER WIEK
Seetor
Seetor
Uferlinie
Spandowerhagen
Burghafen
Freest
Landtor
Vineta, Lubmin, Warsin
Voddow
Kröslin
Dietrich Schumacher, Juni 2004

ken der Jomsburg an der geprüften Stelle (etwa 50 m vom vermuteten ehemaligen Nordufer des Hafens entfernt) etwa 1,4 m tief war.
Dieser große Hafen und die Burgsiedlung waren auf dem Lande durch eine Wallanlage mit Palisaden und einem Landtor gesichert; die Wasserseite zum Peenestrom wurde durch einen Wall geschützt; über der Hafenzufahrt befand sich eine Brücke mit einem Verteidigungsturm; die Hafeneinfahrt konnte durch Torflügel geschlossen werden (siehe /20/). Im Auftrage des Verfassers wurden durch Hans-Peter Nehmzow, Kemnitz, mit einer Wünschelrute Untersuchungen durchgeführt und dabei an einigen Stellen Störungen im Erdreich festgestellt. Diese Stellen mit einer Breite von 7 bis 8 m, an denen der Aufbau der Bodenschichten verändert ist, fügen sich zur gesuchten Trasse des Hafenwalls westlich der Dorfstraße, die zur Boddenküste führt. Die an einem georteten Wallquerschnitt durchgeführten Rammsondierungen führen zu der Erkenntnis, dass der von Schuchhardt beschriebene Steinwall ein Wall aus Sand war, der wahrscheinlich an den Böschungen mit Steinen belegt war (um Zerstörungen des Walles durch Wellenschlag und um das Landen feindlicher Boote zu verhindern) und durch Holzkonstruktionen gestützt war. Eine solche Konstruktion beschreibt Wladyslaw

Das Wiesental östlich von Spandowerhagen ist das versandete Hafenbecken der Jomsburg
Foto: Ulf-Peter Schwarz

Filipowiak /61/ für einen ausgegrabenen Wall in Wolin. Der Hafenwall beginnt im Süden im Ortszentrum von Spandowerhagen (Ostende der in Richtung Nordwesten verlaufenden Dorfstraße) und endet am Nordende der zur Küste führenden Dorfstraße. (Siehe Karte „Versuch zur Rekonstruktion der Jomsburg“) In der Mitte dieses Walls kann nach den Sondierungen mit der Wünschelrute die Hafeneinfahrt vermutet werden. Entsprechend der von Jochen von Fircks /89/ beschriebenen Größe der Wikingerboote (4,8 m Breite des Skuldelev 1-Schiffes / Lastensegler; 2,7 m Breite des Haithabu-Langschiffes / Kriegsschiff) und der von Jochen von Fircks /62/ genannten Länge der Riemen des Gokstadschiffes (5,3 bis 5,8 m) nimmt der Verfasser unter Berücksichtigung der für das 10. Jahrhundert denkbaren technischen Bedingungen für die Durchfahrt des Seetors eine Breite von 8 bis 10 m an; dabei wird angenommen, dass die Boote mit eingezogenen Riemen (quer über den Booten liegend) das Tor passierten.
Nach den Sondierungen mit der Wünschelrute und nach den Berichten der Einwohner von Spandowerhagen (Reinhard Lange, Jürgen Müsebeck, Ingo Beyer u. a.), dass in Spandowerhagen einmal ein Schloss gestanden haben soll, kann angenommen werden, dass am Südende des Hafenwalls, auf einer natürlichen Erhebung am damaligen Ufer eine massive Befestigungsanlage (eventuell die Erweiterung der Jomsburg, die Harald Blauzahn um 980 veranlasst haben soll) bestand. Vielleicht schützte diese Anlage ein Tor für eine Wegverbindung in Richtung Lubmin und Wusterhusen. In der Schwedischen Matrikelkarte von 1694 (siehe /35/) ist an dieser Stelle ein (an der Südwestseite runder) Platz zu erkennen, der als Rest der vermuteten Verteidigungsanlage gedeutet werden kann.
Es wird erzählt, dass etwa am Nordende der zum Peenestrom führenden Dorfstraße einst eine Kirche gestanden haben soll. Einwohner von Spandowerhagen versichern, dass östlich der Dorfstraße im Bereich der letzten Gehöfte Fundamente aus Feldsteinen gefunden wurden. Diese Fundamente können entsprechend der Darstellung der Schwedischen Matrikelkarte von 1694 und des zugehörigen Kommentars als Reste von vier Kossaten-Höfen gedeutet werden, die im Dreißigjährigen Krieg „ruiniert“ worden sind.
Bei der Begehung des Waldgebiets südlich des ehemaligen Hafens der Jomsburg wurden durch Hans-Peter Nehmzow mit der Wünschelrute in der Nähe der vom Verfasser auf Grund der topografischen Bedingungen vermuteten Walltrasse Hinweise auf Störungen im Untergrund gefunden. Diese etwa 7 bis 8 m breiten Veränderungen im Vergleich zum

umgebenden Boden werden vom Verfasser als Teile des zerstörten Walls der Jomsburg gewertet. Aus den sondierten Punkten, aus den topografischen Bedingungen (Höhepunkte des Geländes) und aus auffälligen Steinansammlungen unterhalb des Hochufers an der Spandowerhagener Wiek ergibt sich ein etwa kreisförmiger Verlauf des Burgwalls mit einem Durchmesser der Jomsburg von rund 1400 m. Der nördliche Trassenverlauf des Burgwalls ist infolge des Küstenrückgangs in der Spandowerhagener Wiek zu suchen. Einzelne über die Wasseroberfläche der Spandowerhagener Wiek heraus ragende Findlinge sind nach ihrer Lage als Teile der Uferbefestigung des ehemaligen Walls zu deuten. Schuchharth /20/ hat bereits in der Erläuterung zu seiner Rekonstruktion der Jomsburg darauf hingewiesen, dass Burgen mit Erdwällen aus verteidigungstechnischen Gründen überwiegend mit kreisförmigem Grundriss angelegt wurden.
Adolf Zinzow /63/ überliefert die Beschreibung der Jomsburg in der Jomswikingersage wie folgt: „*Hier wurde eine große und starke Seeburg erbaut. Ein Teil der Burg stand nach der See hinaus und darin wird ein so großer Hafen gemacht, dass 300 Langschiffe darin liegen konnten, so dass alle binnen der Burg verschlossen waren. Das war mit großer Kunst eingerichtet, so dass Tore darin waren und eine große steinerne Brücke darüber. In den Toren aber waren eiserne, innen vom Hafen aus verschlossene Torflügel und auf der steinernen Brücke war ein großer Turm gebaut und große Kriegsschleudern darin. Diese Burg wird genannt die Jomsburg.*“ Nach diesem Text kann vermutet werden, dass es (anders als von Schuchhardt angenommen) mehr als ein Seetor gegeben hat. Es ist noch zu untersuchen, ob es im Bereich der heutigen Einmündung des Grabens aus der Niederung in die Spandowerhagener Wiek eine zweite Hafenzufahrt gegeben hat oder ob die Grabenmündung später angelegt wurde, um nach der Versandung der westlichen Hafenzufahrt das Niederschlagswasser von der Wiese abzuleiten.
Schuchhardt nahm an, dass es aus verteidigungstechnischen Gründen nur ein Landtor im südlichen Teil der Wallanlage gab; von diesem Tor führten die Wege nach Voddow, Karrin und Groß Ernsthof sowie nach Freest und Kröslin.
Die Jomsburg wurde von den Jomswikingern im 10. Jahrhundert errichtet; Wehrmann /57/ nennt dafür die Regierungszeit des Dänenkönigs Harald I. Blauzahn (940 – 986), des Königs, der auch die gewaltige Trelleborg in Südschweden gegründet haben soll. Nach Lutz Mohr (siehe /11/) wurde die Jomsburg auf Veranlassung des Dänenkönigs unter der Leitung des Wikingers Palnatoki erbaut und als Zentrum für die Beherrschung des Gau Jom bereits seit den sechziger Jahren des 10.

Jahrhunderts genutzt. Die Jomswikinger beherrschten von hier aus zeitweise die gesamte vorpommersche Küste und unternahmen Raubzüge bis nach Norwegen. In alten Sagas /64/ wird beschrieben, wie die Jomskrieger im Jahre 986 eine Seeschlacht an der norwegischen Küste verloren. Es ist anzunehmen, dass diese Jomswikinger für gute Entlohnung und Versorgung die reiche Stadt Vineta schützten und hier vielleicht auch Beute aus ihren Raubzügen verkauften.

Ob die Jomsburg nur als militärischer Stützpunkt diente oder ob dort auch skandinavische Handwerker und Kaufleute lebten, ist noch ungeklärt. Da die Krieger der Jomsburg ihre Raubzüge auch gegen Dänemark richteten, führten die Dänenkönige Strafexpeditionen gegen die Jomsburg:

Im Jahre 1019 sowie im Jahr 1030 eroberte König Knut die Jomsburg nach /11/. Im Jahr 1043 wurde die Burg unter König Magnus niedergebrannt (siehe /65/). Um 1090 wurde unter dem König Olaf ein Zug gegen die Jomsburg geführt. Die Jomsburg wurde im Jahr 1098 unter König Erik I. wohl vollständig zerstört (nach Dietrich /66/, Wehrmann /57/, Mohr /11/, Schuchhardt /20/). Deshalb kann es nicht verwundern, dass die Jomsburg später im Zusammenhang mit Vineta/Jumne nicht mehr erwähnt wurde. Die Jomsburg wird in alten Sagas /45/ im Bericht über den 13. Wendenzug König Waldemars I. von Dänemark im Jahre 1170 nach Kammin genannt. Wahrscheinlich diente die zerstörte Jomsburg, deren großer Hafen noch nutzbar war, den Dänen als Rastplatz. Wegen der vielen Boote, die vor etwa 1000 Jahren in der Jomsburg stationiert waren, besteht die Möglichkeit, dass im zugewehten Hafen noch Wracks von Wikinger- oder Slawenbooten zu finden sind, wie in Ralswiek.

Der polnische Forscher Filipowiak, der Vineta am Standort der heutigen Stadt Wolin an der Dievenow vermutet, gibt (nach /9/) den Hinweis, dass der Begriff „Jom" in den alten Überlieferungen über die Jomsburg und den Gau Jom vom Woliner Wort „jöm" für „Sandbank" abgeleitet sein kann. Die Jomsburg am Standort des heutigen Spandowerhagen war vor Angriffen durch Kriegsflotten im Westen und im Norden durch ausgedehnte Sandbänke (heute die Feuchtwiesen „Salzwiesen" und „Struck" sowie die Sandbänke „Freesendorfer Haken" und „Knaakrücken") geschützt. Einige Vineta-Forscher gehen davon aus, dass in manchen alten Überlieferungen die Namen Jumne/Vineta und Jomsburg für ein und dieselbe Siedlung verwendet wurden. Es ist anzunehmen, dass wegen der Nähe der Handelssiedlung Vineta/Jumne zur Jomsburg (Luftlinie rund 3000 m) bei der Nennung von Reisezielen oder Kriegsereignissen mal der eine, mal der ande-

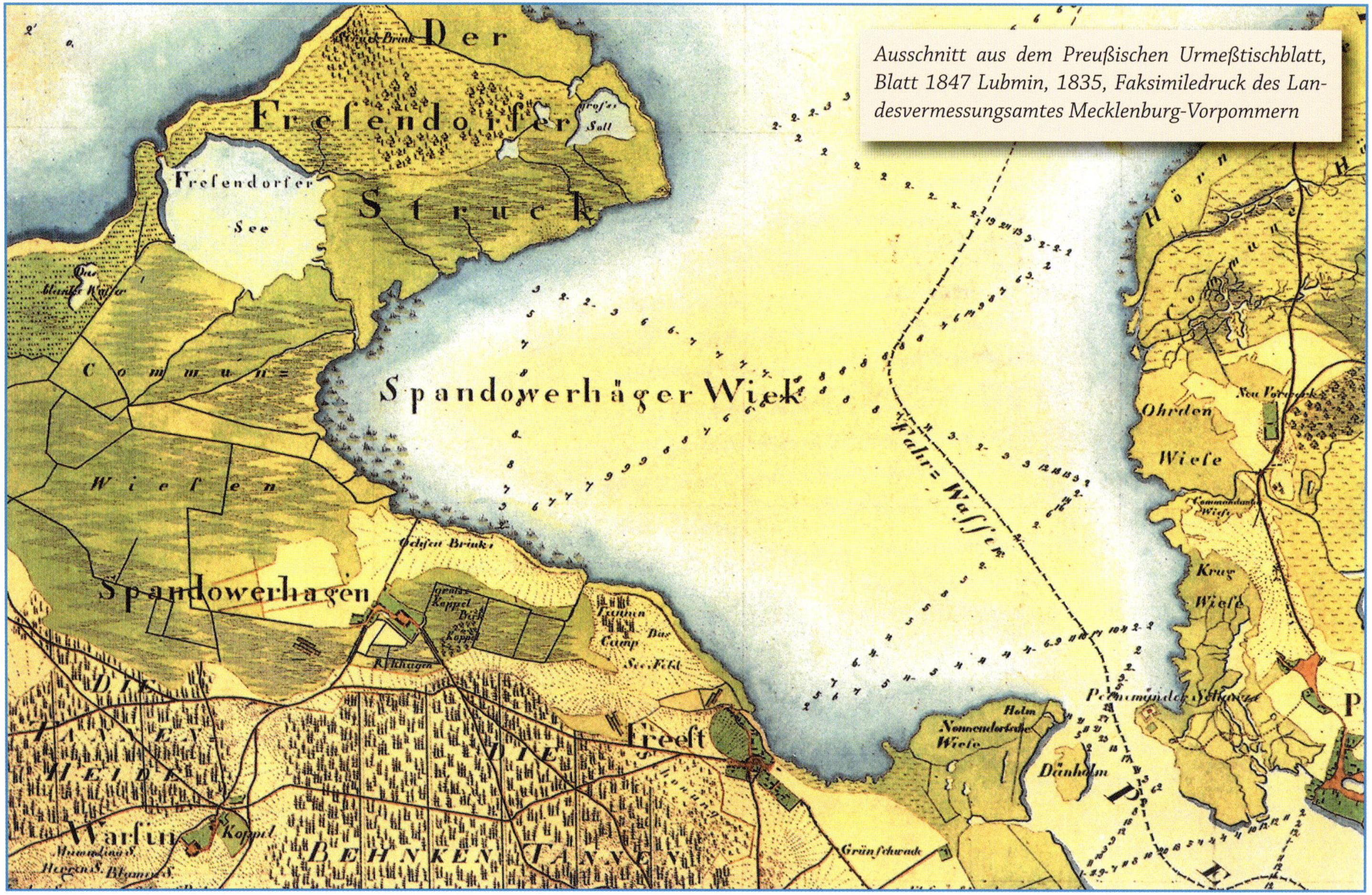

Ausschnitt aus dem Preußischen Urmeßtischblatt, Blatt 1847 Lubmin, 1835, Faksimiledruck des Landesvermessungsamtes Mecklenburg-Vorpommern

re Ort genannt wurde, da wahrscheinlich jeweils beide Standorte betroffen waren, und weil beide zum gleichen Siedlungskomplex (dem Land Vineta) gehörten. Es kann auch vermutet werden, dass „jumne“ und „jom“ die gleiche Bedeutung haben.

Nach der Zerstörung der Befestigungsanlagen wurde der Hafen für den Handelsverkehr von Vineta genutzt.

Das Land westlich der Jomsburg war ursprünglich ein Waldgebiet. Wegen des enormen Bedarfs an Holz für die Errichtung von Häusern und Verteidigungsanlagen, für die Gewinnung von Holzkohle und Teer, für Heizung und Speisezubereitung sowie für den Bootsbau und andere Gewerbe wurde aus dem Wald die Lubminer Heide. In den Kommentaren zu den Schwedischen Matrikelkarten um 1690 werden die Flächen östlich von Lubmin und südlich von Freesendorf (ein nach 1700 im Greifswalder Bodden untergegangenes Dorf östlich von Lubmin) als Heide bezeichnet; das Heidekraut ermöglichte eine erfolgreiche Bienenzucht.

Bei starkem Westwind und Sturm wehte viel Sand in die westlich der Jomsburg gelegene Bucht der Spandowerhagener Wiek; damit versandete die Hafenzufahrt der Jomsburg. Östlich des Walls zu beiden Seiten der Hafeneinfahrt bildete sich eine Düne, wie aus entsprechenden Baugrundbohrungen zu erkennen ist. Im 13. und 14. Jahrhundert versandete das Hafenbecken und es entstand eine Feuchtwiese, die im Preüßischen Urmeßtischblatt als „Große Koppel“ und „Birkkoppel“ bezeichnet wird; der davon nördlich gelegene Höhenrücken (damals noch unbewaldet) wird „Ochsenbrink“ genannt; der die Feuchtwiese im Osten begrenzende Höhenzug wird als „Tannenkamp“ bezeichnet.

Dicht an der Oberfläche des Geländes liegende Steine der Befestigung des ehemaligen Hafenwalles wurden als Fundamente für Gebäude in Spandowerhagen verwendet. Ein Herr von Spandau hat vermutlich vor 1400 hier die Siedlung Spandowerhagen auf der Ostseite der Düne angelegt. Es entstand ein Gutshof für die Viehhaltung. Im Kommentar zur Schwedischen Matrikelkarte /35/ wird um 1700 eine Holländerei (Rinderhaltung) in Spandowerhagen genannt. In der zugehörigen Karte ist ein großer, auf allen vier Seiten von Gebäuden umstandener Gutshof zu erkennen, der von einem Graben umgeben war. Außerdem ist am Weg nach Lubmin (etwa am Standort der ehemaligen Schule) ein Gebäude eingezeichnet. Diese Bebauung ist auch im Preußischen Urmeßtischblatt um 1835 dargestellt, ergänzt um weitere Gebäude am Weg nach Lubmin und am Weg zum Boddenufer.

In der Nähe einer so bedeutenden Burg, wie der Jomsburg, müsste ein größerer Begräbnisplatz (Gräberfeld) liegen. Nach den auffälligen Oberflächenformen, in den topografischen Karten sind kleine Hügel dargestellt, könnte das gesuchte Gräberfeld im Wald auf den Reiherbergen westlich von Freest zu finden sein.
In alten Schriften (u.a. bei Saxo Gramaticus) wird nach Lutz Mohr /67/ der Ort Hyliamynne erwähnt. Lutz Mohr nimmt an, dass dieser Ort an der Peenemündung lag. M. E. war er der Ursprung von Peenemünde, der der Jomsburg gegenüberliegende Platz auf der Insel Buckow (heute Teil der Insel Usedom) an einer Engstelle des Peenestroms.

Weitere Befestigungsanlagen zur Kontrolle der Übergänge über die Ziese waren der noch erkennbare Burgwall südlich von **Rubenow**, der mit der Wünschelrute nachgewiesene ehemalige Burgwall auf einem Hügel nordöstlich der Ortslage von **Gustebin** und zu vermutende Wallburgen südlich von Stielow und bei Kemnitz.

Beispiel der praktischen Vermessung ehemaliger Burgwall bei Gustebin

(Gemeinde Wusterhusen, Gemarkung Gustebin)
Angeregt durch eine größere Anzahl von Funden aus der Slawenzeit bei Gustebin (siehe Ausstellung im Schloss Güstrow der beim Bau der Erdgasleitungen OPAL und NEL gemachten Funde und Ortsakten im Schloss Wiligrad) und im Zusammenhang mit der Vermutung des Verfassers, dass Gustebin ein Grenzposten der ehemaligen Region Vineta (Land Wusterhusen) an einem Übergang über die Ziese war, mit der Funktion als Empfangs- und Beherbergungsort für die Gäste, z. 8. fremde Kauf leute, konnte davon ausgegangen werden, dass im Raum Gustebin ein slawischer Burgwall gelegen haben muss. Dieser vermutete Burgwall konnte durch eine vom Verfasser veranlasste Begehung mit der Wünschelrute durch Anne-Kathrin Hinrichs, Züssow-Nepzin, nachgewiesen werden.
Der Burgwall, von dem keine Reste mehr zu erkennen sind, lag auf einem Hügel zwischen dem Nordostrand der Ortslage Gustebin und der Höhe 34,8.

Aus der Einmessung mit dem GPS-Gerät ergaben sich aus 15 Wall-Querschnittsmessungen folgende Punkte des Walles:

nördlichster Punkt:	R 5409137 H 5997007
östlichster Punkt:	R 5409080 H 5996946
südlichster Punkt:	R 5409157 H 5996888
westlichster Punkt:	R 5409196 H 5996919

im Gauß-Krüger-Koordinatennetz.
Der ehemalige Wall hatte einen kreisrunden Grundriss mit einem Durchmesser des Innenraums von etwa 100 m.

An der Westseite der ehemaligen Insel (Land Vineta), in der Nähe der Anlegestelle Ludwigsburg, deuten der Flurname „Alte Schanze“ und niedrige Wälle darauf hin, dass in diesem Bereich eine Verteidigungsanlage, in Verbindung mit einem Hafen, zur Kontrolle der Einfahrt in die Dänische Wieck, in die Ziese und in den Ryck bestanden hat. Ob diese Anlagen bereits aus der Slawenzeit stammen, ist nicht geklärt.
Die aus dem damaligen Verlauf der Küstenlinie abgeleitete Standort des Hafens in der ehemaligen schmalen Bucht, der heutigen Niederung zwischen dem Strandbad Ludwigsburg und der Ortschaft Ludwigsburg (slawischer Name: Darsin, Darsim) wird gestützt durch die Überlieferung von Saxo Grammaticus (nach /21/): im Mai 1184 fand eine Seeschlacht zwischen den Dänen und den Pommern bei „Darsinus por-

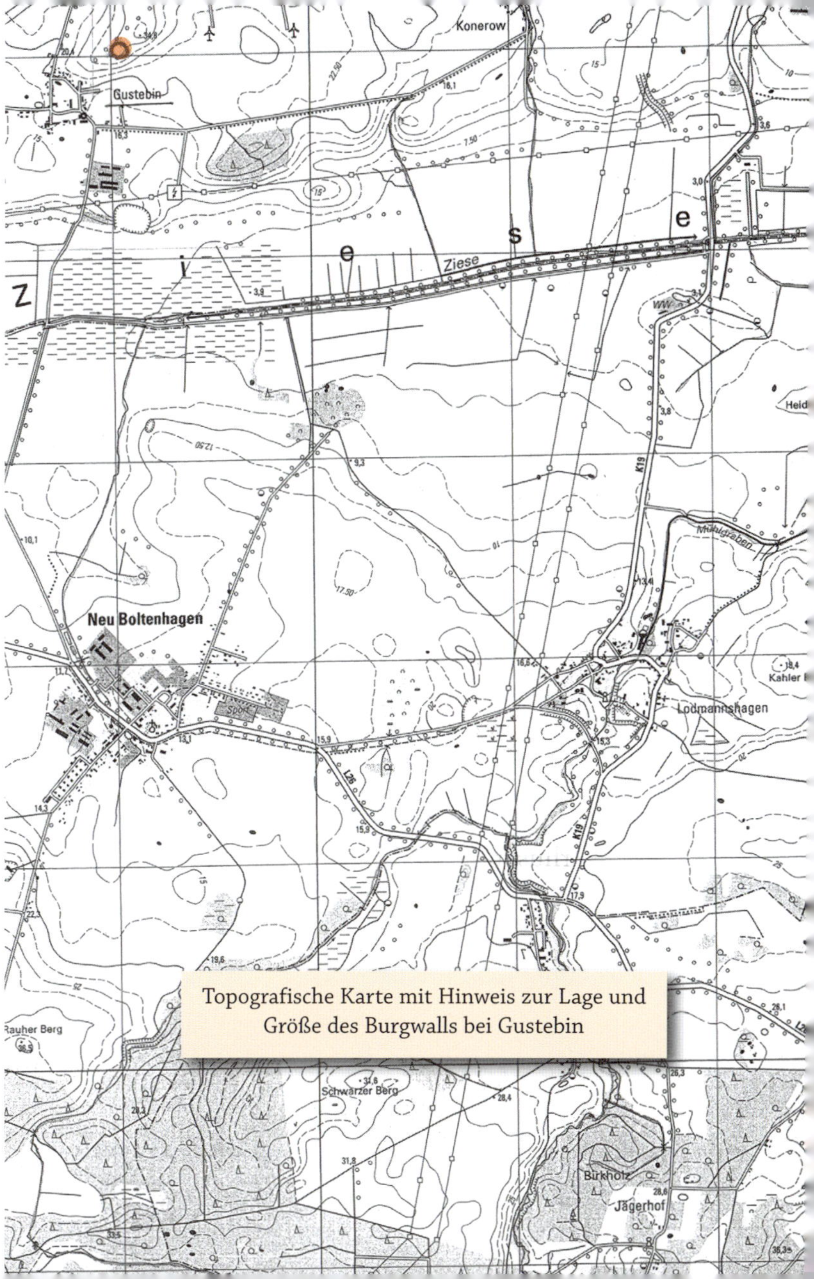

Topografische Karte mit Hinweis zur Lage und Größe des Burgwalls bei Gustebin

Der Rauhe Berg bei Karrin trug einst einen Burgwall, der die Grenze von Vineta am Peenestrom und an der Grämitz bewachte. Foto: Ulf-Peter Schwarz

tus" („Darsiner Hafen") statt. Dietrich Rahn /25/ nimmt an, dass der Begriff „Darsim portus" für die „Dänische Wieck" gebraucht wurde. Roland Elsner /68/ vermutet den ehemaligen Hafen Darsim an der Küste bei Ludwigsburg, in einer Vertiefung des Boddengrundes, unterhalb der 2m-Tiefenlinie östlich vom Mittelgrund.

An der Hallwiese, ein Bach, der in alten Karten „Hölle Diek" genannt wurde, lag nach Luftbildauswertungen in den Ortsakten /15/ wahrscheinlich ein Burgwall, der den Bootstransport vom Werftplatz Voddow zum Hafenort Kröslin überwachte.

Auf dem **Rauhen Berg östlich von Karrin**, nördlich der Grämitz und westlich des Peenestromufers lag (Ergebnis einer Begehung mit der Wünschelrute) ein großer Burgwall als Grenzschutzanlage, der auch den Schifffahrtsweg nach Karrin sicherte.

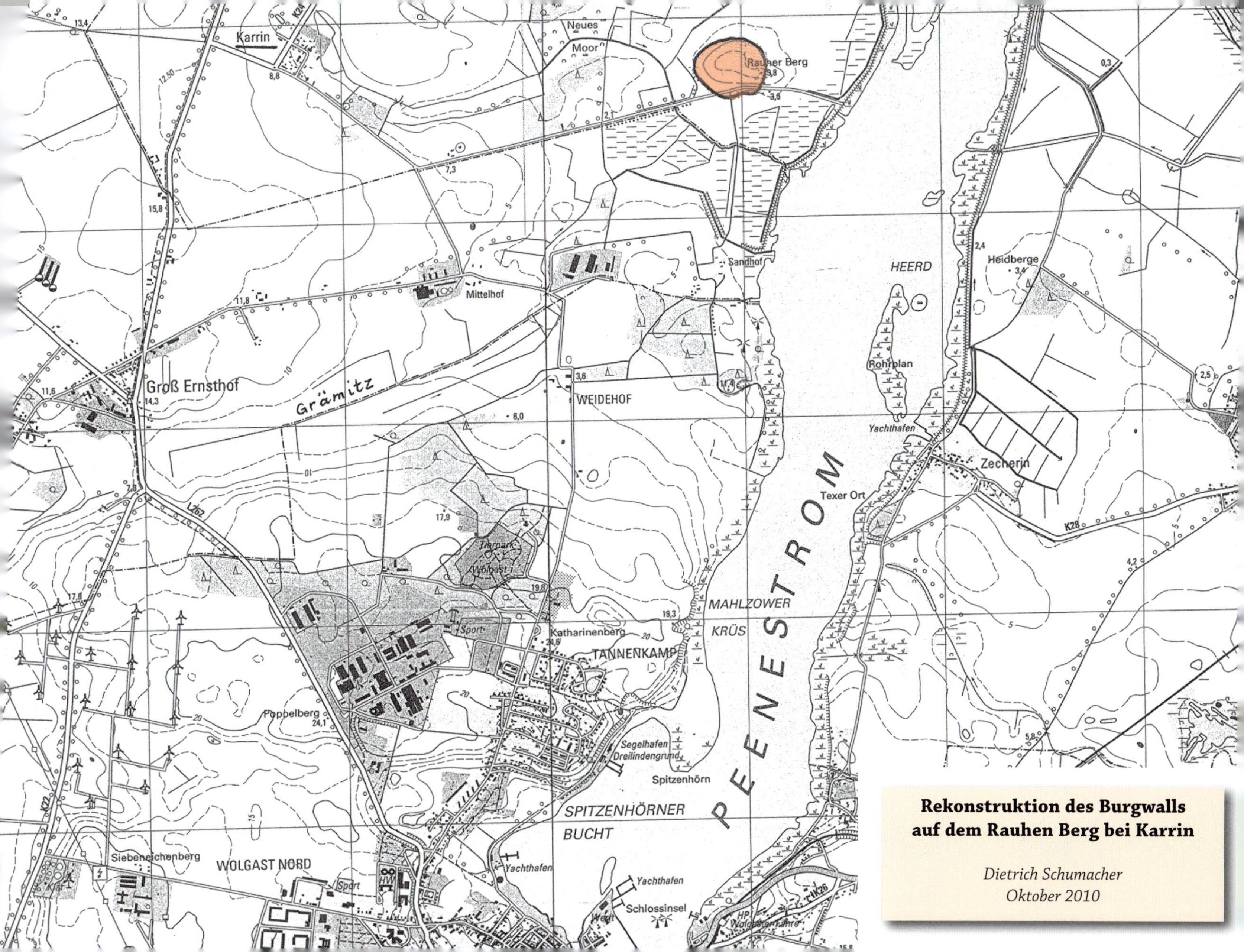

Rekonstruktion des Burgwalls auf dem Rauhen Berg bei Karrin

Dietrich Schumacher
Oktober 2010

Dass der Rauhe Berg auch später noch eine strategische Bedeutung hatte, zeigt die Darstellung von Schanzen an der Westseite und an der Nordseite des Hügels in der schwedischen Matrikelkarte.
Nach Auswertung der Schwedischen Matrikelkarten und der dazu gehörenden Kommentare kann man vermuten, dass zu den Verteidigungsanlagen des Landes Vineta weitere Anlagen gehörten:

- Die in den Matrikelkarten ausgewiesenen sandigen oder wüsten Äcker auf Hügeln am Rande der Zieseniederung südlich von Stielow, Gustebin und Konerow und die Hügel südlich von Pritzwald und Rubenow können als Reste der Standorte von Anlagen gedeutet werden, die zur Beobachtung und Verteidigung der Übergänge über die Ziese gedient haben.
- Auf farbigen Luftbildern ist gut zu erkennen, dass sich von der Landstraße Wolgast-Wusterhusen im Bereich Groß Ernsthof eine relativ breite Niederung sowohl in Richtung Westen (zur Ziese) als auch in Richtung Osten (zum Peenestrom) erstreckt. Das nach Osten verlaufende Bachtal wird in der topografischen Karte „Grämitz“ genannt; das polnische Wort „granica“ für „Grenze“ liegt nahe. Im Bereich an der Niederung südlich von Groß Ernsthof werden im Text zur Schwedischen Matrikelkarte /35/ *„dicht an der Wolgaster Grenze“* 4 Sandhügel und *„4 Stück Schanzen oder Brustwehre, welche die Dänen aufgelegt haben“* erwähnt. Auch im Bereich südlich von Karrin werden 2 Schanzen genannt, die *„von den Dänen (kurz vor der Ankunft des glorwürdigen gedenkenswerten König K. G. Adolphi) errichtet worden sein sollen“*. Diese Beschreibungen von Verteidigungsanlagen aus dem Dreißigjährigen Krieg und der Rest eines frühdeutschen Turmhügels in der Ortslage Groß Ernsthof beweisen, dass der Niederungszug von der Ziese zum Peenestrom von strategischer Bedeutung war. In der im Mai 1282 ausgestellten Urkunde des Pommernherzogs Bogislaw IV. (siehe /25/) wird erwähnt, dass die Mitte des Sumpfes „Gremitz“ die Grenze der zur Stadt Wolgast gehörenden Flächen bildet. Tore in der Verteidigungsanlage an der Grämitz kann es bei Groß Ernsthof (Trasse der heutigen Landstraße) und südöstlich von Karrin (Weg zwischen Mittelhof und Sandhof) gegeben haben.
- Der bis zu 22 m hohe Hügel südöstlich von Kröslin wird in der Schwedischen Matrikelkarte „Borkwall“ und im Preußischen Urmeßtischblatt „Der Burgwall“ genannt. Im Zusammenhang mit der strategisch wichtigen Lage an der Mündung des „Höllen Diek“ (heute Hallwiese genannt) in den Peenestrom am Hafen von Kröslin kann angenommen werden, dass dieser Burgwall auch schon zur Verteidigung des Territoriums Vineta diente.

- Unter Berücksichtigung der o. g. Tore an der Grämitz sowie des Landtors und der ein oder zwei Seetore der Jomsburg und wenn man annimmt, dass an allen Zieseübergängen und an der Brücke zur Insel mit dem Handelszentrum Vineta Tore waren, kommt man auf eine Zahl von 11 bis 12 Toren. Auf eine gleiche Summe kommt man, wenn an den Zieseübergängen keine Tore verortet werden, und man annimmt, dass an den Wegen von der Festung Wusterhusen in Verbindung mit den vermuteten 8 umliegenden Verteidigungsanlagen Tore standen und ein oder zwei Landtore der Jomsburg, das zu vermutende Tor zum Hafenort Vineta und ein Tor beim Übergang über die Grämitz bei Groß Ernsthof vorhanden waren. Der maurische Kaufmann und Gesandte Ibrahim ibn Jaqub schreibt in seinem Bericht im Zusammenhang mit seiner Reise an den Hof des Kaisers Otto I. um das Jahr 970 von 12 Toren in den Befestigungsanlagen von Vineta (nach /9/).

Dass unterschiedliche Namen für eine ehemals berühmte Stadt überliefert sind, ist nicht verwunderlich. Wenn Kaufleute oder Krieger, die Vineta besucht bzw. heimgesucht haben, zu Hause in ihrer Muttersprache davon berichteten, benannten sie den Ort nach den für sie wichtigsten Merkmalen oder Begebenheiten. Ein Beispiel für dieses Verfahren ist der auch schon zur Zeit Vinetas wichtige Handelsort an der Donau, der bei den Slawen Bratislava, bei den Ungarn Pozsony und bei den Deutschen Preßburg hieß bzw. heißt.

Vineta wird in Meyers Kleinem Lexikon von 1934 (offenbar aus dem Lateinischen abgeleitet) als „Wendenstadt" gedeutet, also als Stadt der Slawen. Das weist auf die Gründer und den größten Teil der Einwohner der Siedlung hin.

Die in alten Handschriften vorkommenden Namen Jumne, Imne, Iumneta, Julin bringen Goldmann und Wermusch /9/ als Ableitung aus dem Fränkischen mit Imkerei bzw. Bienenzucht in Verbindung. Dass im Bereich einer Stadt, deren Einwohner in einem für die damalige Zeit bemerkenswerten Luxus gelebt haben sollen, die Bienenhaltung zur Honig- und Wachserzeugung in hoher Blüte stand, ist leicht nachzuvollziehen. Wehrmann /57/ schreibt: „*Der Bienenzucht lagen die Slawen mit besonderer Liebe ob*". In den Kommentaren zu den Schwedischen Matrikelkarten wird für die meisten Dörfer nördlich der Ziese die Bienenhaltung erwähnt; besonders hervor gehoben wird die Bedeutung der Imkerei für die Dörfer Lubmin, Karrin und Warsin: „*Hier beim Dorf haben Bienen ein ziemlich gutes Gedeihen wegen des rings um blühenden Herbstheidekrauts*".

Der o. g. Name Ostrussna oder Wostrose ist die Bezeichnung, die die slawischen Bewohner Vinetas und die benachbarten Stämme verwendeten.
Dietrich Rahn /26/ hält die überlieferten Bezeichnungen „Woztrose“ (Urkunde von 1150), „Wustrose“ (Urkunde von 1171), „in Ostrusim“ (Urkunde von 1193) und „Wostrozna“ (Urkunde von 1218) für Ableitungen aus dem slawischen Wort „ostrow“ für „Insel“ und meint, dass der Ortsname Wusterhusen daraus entwickelt wurde.
Das Problem, dass in Verbindung mit dem Thema „Vineta“ auch der Name „Wollin“ in verschiedenen Schreibweisen auftaucht, kann folgendermaßen gelöst werden:
Schroeder stellt in seinem Aufsatz „Die Sitze der Redarier“ /69/ dar, wo er die Grenzen der Stämme der Lutizen oder Wilzen vermutet. Danach hat der slawische Stamm der Wolliner (zu den Pomoranen gehörend) auf den Inseln im Bereich der Peenemündung gesessen: Insel Wollin, ehemalige Insel Usedom (Uznam, Südostteil der heutigen Insel Usedom), Inseln im Bereich der heutigen Orte Koserow und Zinnowitz sowie das Land Buckow (Nordwestteil der heutigen Insel Usedom). Es kann angenommen werden, dass auch die durch die Ziese abgegrenzte Insel (Ostrusna, Land Vineta) ursprünglich zum Land der Wolliner gehörte. Insofern war Vineta Teil des Territoriums Wollin; d. h., der Begriff „Wollin“ oder „Wulin“ bedeutet im Zusammenhang mit Vineta oder Jumne nicht eine Stadt, sondern das Stammesland, in dem auch Vineta lag. So könnte das Zitat „in civitate Vulinensi“ aus der Urkunde des Papstes Innocenz II. vom 14.10. 1140 eine Stadt im Lande Wollin, nicht die Stadt Wollin, meinen. Der Herrschaftsbereich des Pommernfürsten, dem das Land Wollin angehörte, reichte zeitweise nach Urkunden von 1136 und 1140 bis Tribsees und nach einer Urkunde von 1159 auch bis Barth (siehe /23/).
Nach dem Krieg des Königs von Dänemark Waldemar I. und des Herzogs Heinrich des Löwen gegen die Slawen im Jahre 1164 unterwarf sich Herzog Kasimir von Pommern dem Dänenkönig und erhielt nach /45/ *„zwei Teile von Wolgast“* (Pommern) als Lehen; *„aber den dritten gab er den Rüganern“*. Ob damals auch das Land Wusterhusen an das Fürstentum Rügen gefallen ist, kann aus den überkommenen Texten nicht sicher abgeleitet werden.
Konrad Fritze /70/ hält es für möglich, dass das Land Wusterhusen im Jahre 1185 vom Pommernherzog Bogislaw I. bei seiner Kapitulation vor dem Dänenkönig an den Rügenfürsten Jaromar (seit 1168 ein Vasall des dänischen Königs)

abgetreten wurde. Dass spätestens seit dem Schiedsspruch von Wordingborg von 1194, in dem der dänische König Knut bei einem Grenzstreit zwischen Pommern und Rügen das Land Wusterhusen dem Fürstentum Rügen zusprach (nach /69/), dieser Bereich von den Ranen beherrscht wurde, ist im Zusammenhang mit Vineta nicht von Belang, da es zu dem Zeitpunkt bereits zerstört war.

Dass sich der Begriff „Wollin" in den ältesten Überlieferungen auf das Land des Stammes der Wolliner bezieht, wird m. E. auch deutlich in dem Bericht des Widukind von Corvey in seinen Sächsischen Geschichten (nach /69/ und /9/): Der von Kaiser Otto I. abgefallene und im Kampf geschlagene Graf Wichmann flieht im Jahre 967 aus Wagrien (dem heutigen Ostholstein) zu den „Vuloini" (Wolliner), um sie zu einem Kriegszug gegen den Polenherzog Mieszko (damals ein Verbündeter des Kaisers Otto I.) zu überreden; Wichmann zieht mit den Wollinern und den benachbarten, am Unterlauf der Peene ansässigen Redariern gegen den Polenherzog in den Kampf, wird geschlagen und getötet.
Auch das Erscheinen von Abgesandten der Wolliner auf dem Reichstag in Regensburg im Jahre 1007 (nach /8/) deutet auf Stammesvertreter hin.
Was die Kirchengeschichte von Pommern betrifft, so ist es möglich, dass im Zusammenhang mit der versuchten Missionierung von Wolgast und Vineta und der Zerstörung des slawischen Tempels in Wolgast durch Bischof Otto von Bamberg (entsprechend den vor 1168 entstandenen Berichten von Herbord und Ebo über das Leben des Bischofs Otto von Bamberg, nach /9/) im Jahre 1128 zwei Kirchen vor den Toren der Stadt Julin (gemeint ist m. E. Vineta/Jumne), d.h. südöstlich der Grämitz (der Grenze zwischen dem Land Wusterhusen = Land Vineta und dem Bereich Wolgast im Territorium Wollin als Teil von Pommern) gegründet wurden: eine wurde dem heiligen Petrus gewidmet (wahrscheinlich der Vorgängerbau der heutigen Petrikirche in Wolgast) als Kirche für die slawische Burgsiedlung Wolgast; die andere wurde den Heiligen Adalbert und Wenzeslaus geweiht und nach ihrer Vernichtung bei einer Feuersbrunst durch eine dem heiligen Michael geweihte Kirche ersetzt. Mit dieser Kirche, deren Standort m. E. am Poppelberg (am damaligen Weg zwischen Wolgast und dem Übergang über die Grämitz bei Groß Ernsthof) zu vermuten ist, wurde die Errichtung eines Bistums im Territorium Wollin (d. h. in Pommern, das damals wahrscheinlich bis Tribsees reichte) vorbereitet.

Die Kirchengründungen wurden in und bei Wolgast vorgenommen, weil die Vineter sich sträubten, in ihrer Stadt eine päpstliche Kirche zuzulassen, und weil der Pommernherzog Wartislaw I., der die Christianisierung förderte, mit seiner Burg auf einer Insel im Peenestrom bei Wolgast den künftigen Bischofssitz schützen konnte. Es ist möglich, dass der Begriff Wollin in Verbindung mit dem Bischofssitz („civitatis Vulinensi" nach /9/ in der päpstlichen Gründungsurkunde von 1140) eine Stadt im Territorium Wollin des Herzogtums Pommern, nicht die Stadt Wollin an der Dievenow, meinte. Henning Rischer /8/ nimmt an, dass das Bistum in Pommern zur Gründungszeit die *„Landschaft um Demmin, Tribsees, Gützkow, Wolgast, Groswin, Ziethen, Stettin, Pyritz, Usedom, Wollin, Kammin, Stargard, Kolberg"* umfasste. Im Zusammenhang mit kriegerischen Auseinandersetzungen (u. a. mit den Ranen und den Dänen) verschob sich die Westgrenze Pommerns und damit des Bistums offenbar weiter nach Osten. Der Verschiebung des Schwerpunkts Pommerns folgte wohl auch der Bischofssitz: Der Sitz des Bistums wurde in das Kloster Grobe bei der Stadt Usedom (nach Goldmann, Wermusch /9/ und nach Quandt /71/) verlegt. In den Sagas /45/ wird berichtet: *„Da ist nun (etwa 1168) ein Bischofsstuhl in der Stadt, die Usna* (Usedom) *heißt"*. Wahrscheinlich wurde der Sitz dann in die Stadt Wollin verlegt. In der Urkunde vom 25.2.1188 bestätigt Papst Clemens III. die Verlegung des Bischofssitzes nach Cammin (Siehe PUB I, Nr. 111), da er dort für den Bistumsbezirk im damaligen Pommern zentraler lag und nach Daniel Cramer /10/ besser geschützt werden konnte. Die Insel Rügen gehörte nach der Einnahme der Jaromarsburg bei Arkona und des Beginns der Herrschaft über das Fürstentum Rügen durch die Dänen im Jahre 1168 zum Bistum Roskilde; der festländische Teil des Fürstentums Rügen einschließlich des Landes Wusterhusen war wahrscheinlich dem Bistum Schwerin zugeordnet. Der in den historischen Berichten genannte Name „Julin" für die heute als „Wolin" bezeichnete Stadt ist wohl von der slawischen Bezeichnung „Wollin" abgeleitet, die in der pomoranischen Sprache wie „Wuolin" /26/ ausgesprochen wurde. In der Blütezeit der Handelsmetropole Vineta wird ihre offizielle Zugehörigkeit zu dem Herrschaftsgebiet eines Stammes (der Wolliner) oder eines Fürsten (später des Pommernherzogs) nicht von großer Bedeutung gewesen sein. Alle umliegenden slawischen Stämme (Ranen, Kessiner, Circipaner, Tollenser, Redarier, Wolliner) waren an ungestörten Handelsbeziehungen mit Vineta interessiert, so dass das Land Vineta eine relativ weitgehende politische Selbständigkeit genoss, die von den Jomswikingern gegen reiches Entgelt gesichert wurde. Joachim Herrmann /44/ geht davon aus, dass die „Gemeinwesen an der Odermündung“ wegen ihrer bedeutenden Rolle für den Handel zwischen den Ostseeanliegerstaaten und dem ostelbischen Binnenland sowie dem daraus resultierenden Reichtum ihrer Bewohner sich gegen zentrale Feudalgewalt abschirmen konnten. *„Noch am Anfang des 12. Jahrhunderts waren die Küstenorte selbständig oder nur ein lockerer Bestandteil des pommerschen Teilstaates.“*

Die Bedeutung Vinetas als Handelsort sank, als mit dem Zusammenschluss aller Hauptstämme der Slawen zwischen Elbe, Havel, Oder und Ostsee zum Obodritenreich der Handelsschwerpunkt sich um 1100 nach Alt-Lübeck verlagerte und als im Gebiet der Odermündung die Stadt Stettin die größte Bedeutung erlangte. Daniel Cramer /10/) berichtet, dass in der Zeit als Bischof Otto von Bamberg 1124 in Pommern missionierte, *„Stettin / welche Stadt sei die älteste und fürnembste in Pommern“*. Nach der Häufigkeit der Ortserwähnungen in den alten Berichten kann man zu dem Schluss kommen, dass nach 1100 neben Stettin die Küstenorte Stralow/Strela, Usedom und Wollin die wichtigsten Handelsorte an der Pommerschen Boddenküste wurden. Einen Beleg dafür, dass erfolgreiche Kaufleute an die bedeutenden Handelsorte zogen, geben Klaus Goldmann und Günter Wermusch /9/: Sie zitieren aus dem Codex Oldenburgensis, dass im Jahre 1158 *„Cord Strale van Wineta in Luebek gekamen“* in den Rat der Stadt Lübeck gewählt wurde. Dieser Cord stammte wahrscheinlich aus Strale oder Stralow (ehemaliger Fähr- und Handelsort auf der Halbinsel Drigge / Rügen, der im Jahre 1234 das Stadtrecht erhielt und um 1238 an den Standort der heutigen Altstadt von Stralsund verlegt wurde und dort im Jahre 1240 erneut das Stadtrecht erhielt; siehe Kapitel „Stralow/Svold, Schadegard, Stralsund“), hatte wohl einige Jahre als Kaufmann in Vineta gelebt und war dann nach Lübeck gezogen; dort wird er einige Zeit erfolgreich gewirkt habe, bevor er in den Stadtrat gewählt wurde. In dem zitierten Schriftstück werden weitere Ratsmitglieder genannt: Garwin van Scodthorpe van Julin, Arcecumus Scholdonto van Jülin. Das beweist, dass Wineta und Julin nicht verschiedene Namen des gleichen Ortes sind; mit Julin wird das heutige Wolin gemeint sein. Vedel Simonsen /40/ berichtet: *„Mit der Hilfe eines Schenkungsbriefes von Kaiser Heinrich dem Vierten ist die Auflösung jedoch möglich. Denn aus diesem Dokument, ausgestellt im Jahre 1064 für das Hamburger Erzbistum, ist deutlich zu ersehen (in loco Winethe dicto in pago lacne in comitatu Henrici comitis), dass noch im elften, vermutlich also auch im 12. Jahrhundert wirklich ein Vineta existiert hat, obwohl keineswegs auf Usedom, sondern vielmehr in einer Gegend wo also die erwähnten Ratsherren von Lübeck, …*

viel eher zu Hause gewesen sind, als in einem vermeinten Vineta auf der Insel Usedom". Johannes Micraelius /5/ berichtet: „Dann aller Handel, der zuvor bey Wineta war, ward theils nach Wißby in Gotland, theils nach Julin geleget".

In der Hansezeit wurde Greifswald der bedeutendste Handels- und Handwerkerort im näheren Umfeld des untergegangenen Vineta.

Das Zentrum der Verwaltung und Verteidigung wurde Wolgast mit seiner Fürstenburg (später Residenz der Pommernherzöge) im Peenestrom.

Der Fund eines Gefäßes bei Karrin mit mehr als 4000 Münzen, die zum Teil erst nach der Zerstörung Vinetas geprägt wurden (siehe /39/), und die Funde von Münzen, Waagen und Gewichten bei Nonnendorf (siehe /31/) legt die Vermutung nahe, dass auch nach 1178 noch eine rege Handelstätigkeit im Land Vineta / Land Wusterhusen ausgeübt wurde; dafür wurden wahrscheinlich der Hafenbereich der geschleiften Jomsburg und die Häfen Freest, Kröslin und Rubenow genutzt. Günter Wermusch (siehe /9/) erwähnt in seiner Erinnerung an eine inzwischen verloren gegangene Überlieferung, dass der Kriegshafen der Jomsburg nach der Zerstörung der Befestigungsanlagen von den Vinetern als Handelshafen genutzt wurde.

Literaturverzeichnis

/1/ Dr. Sebastian Messal, Deutsches Archäologisches Institut Berlin, Vortrag „Auf der Suche nach den ältesten Häfen des Landes / Neue Ausgrabungen in Rostock-Dierkow / Frühmittelalterliche Häfen zwischen Wismar-Bucht und Danziger Bucht". Archäologisches Freilichtmuseum Groß Raden, 5.2.2014. Koreferentin: Dr. Martina Karle, Niedersächsisches Institut für historische Küstenforschung Wilhelmshaven

/2/ Elsbeth Lange, Möglichkeiten des Erschließens der frühgeschichtlichen Vegetation. In: Joachim Herrmann (Hrgb.), Archäologische Denkmale und Umweltgestaltung. Akademie-Verlag Berlin 1981

/3/ Peter Donat, Aktuelle Fragen der archäologischen Forschung zur Geschichte der Slawen im nördlichen Deutschland.
In: Bodendenkmalpflege in Mecklenburg-Vorpommern, Jahrbuch 2000, Band 48, Lübstorf 2001

/4/ Thomas Kanzow´s Chronik von Pommern in hochdeutscher Sprache. Anklam 1841. S. 33

/5/ Johann Micraelius, Anderes Buch des Alten Wendischen Pommerlandes. Druckerei und Verlag von Johann Kunckel, Stettin 1723

/6/ Adam Geschovius, Historische und Geographische Beschreibung aller verstörten Städte, Schlößer ..... des gantzen Pommerlandes.
Handschrift Danzig 1670. Stadtarchiv Stralsund

/7/ Meyers Lexikon. Siebente Auflage, 12. Band. Bibliographisches Institut, Leipzig 1930

/8/ Gerhard Heitz / Henning Rischer, Geschichte in Daten - Mecklenburg-Vorpommern. München, Berlin 1995

/9/ Klaus Goldmann / Günter Wermusch, Vineta. Gustav Lübbe Verlag, Bergisch Gladbach 1999

/10/ Daniel Cramer, Das Grosse Pomrische Kirchen Chronicon. Das Erste Buch. Druck und Verlag Nicolai Barthelt, Stettin 1628

/11/ Lutz Mohr, Robert Liese, Wikinger zwischen Pommern und Polarkreis. Leo-Verlag Horn – Bad Meinberg 1997

/12/ Adam von Bremen, Bischofsgeschichte der Hamburger Kirche.
In: Ausgewählte Quellen zur deutschen Geschichte des Mittelalters. Freiherr vom Stein Gedächtnisausgabe, Band XI, Darmstadt 1961

/13/ GEO EPOCHE Nr. 78, 2016. Byzanz 330 – 1453 n. Chr.; Seite 86, Karte „Die größte Stadt der Christenheit"

/14/ GEO EPOCHE Nr. 53, 2010

/15/ Landesamt für Kultur und Denkmalpflege M-V, Archäologie und Denkmalpflege, Ortsakten / Gemarkungsakten zur Dokumentation aller archäologischen Funde in Mecklenburg-Vorpommern, Lübstorf, Schloss Wiligrad

/16/ Günter Wermusch, Das Vineta Rätsel. Kunsthaus Verlag Boddin, 1. Auflage 2011

/17/ nach Wolfgang Michal, Mythos Vineta. In: GEO special Nr.3 / Juni 1998

/18/ Arnold von Lübeck, Chronica Slavorum.
In: Ausgewählte Quellen zur deutschen Geschichte, Band XX, Wissenschaftliche Buchgesellschaft Darmstadt 1963

/19/ Helmold von Bosau, Slawenchronilk.
In: Ausgewählte Quellen zur deutschen Geschichte des Mittelalters. Freiherr vom Stein Gedächtnisausgabe, Band XIX, Darmstadt 1963

/20/ Carl Schuchhardt, Arkona, Rethra, Vineta. Berlin 1926

/21/ Richard Hennig, Wo lag Vineta? Leipzig 1935

/22/ Alfred Holder (Hrg.), Saxonis Grammatici Gesta Danorum. Straßburg 1886. XVI S. 672 (Übersetzung aus dem Lateinischen: Werner A. Krenkel)

/23/ Hermann Bollnow, Studien zur Geschichte der pommerschen Burgen und Städte im 12. und 13. Jahrhundert. In: Veröffentlichungen der Historischen Kommission für Pommern, Reihe V, Heft 7. Böhlau Verlag Köln Graz, 1964
/24/ Wolfgang Rittmeister, Die Schiffsfibel. L. Staackmann Verlag, Leipzig 1942. S.23
/25/ Dietrich Rahn, Die Orts- und Flurnamen des Stadt- und Landkreises Greifswald. Verlag Julius Abel, Greifswald 1923
/25/ Rat der Stadt Wolgast (Hrsg.), Festschrift zur 700-Jahrfeier der Stadt Wolgast vom 5. bis 14. Juli 1957. Wolgast 1957. darin: Albert Altermann: Zur Geschichte unserer Stadt, Alfred Schumann: Zur Morphogenese der Umgebung der Stadt Wolgast
/26/ Günter Wermusch, Brief vom 28.07.2014 an den Verfasser
/27/ Norbert Buske, Sabine Bock, Wolgast: herzogliche Residenz und Schloß, Kirchen und Kapellen, Hafen und Stadt. Schwerin 1995
/28/ Jochen von Fircks, Der Nachbau eines altslawischen Bootes. Archäologisches Landesmuseum und Landesamt für Bodendenkmalpflege Mecklenburg-Vorpommern. Lübstorf 1999
/29/ Karl Rausch, mündliche Information am 22.08.2015
/30/ Karl Rausch fand diese Stücke bei einer Begehung mit dem Metalldetektor am 22.08.2015.
/31/ Felix Biermann und Karl Rausch, Slawische und skandinavische Funde von Nonnendorf, Lkr. Ostvorpommern. In: Bodendenkmalpflege in Mecklenburg-Vorpommern, Jahrbuch 2004
/32/ Führer durch Stralsund. Herausgegeben vom Gemeinnützigen Verein. Stralsund 1915
/33/ Friedrich Lorentz, Pomoranisches Wörterbuch. Akademie-Verlag Berlin, Band I 1958, Band II, 1 1968, Band II, 2 1969, Band II, 3 1970, Band III,1 1971, Band III, 3 1973, Band IV, 1 1974, Band IV, 3 1975, Band V 1983
/34/ Lutz Mohr, schriftliche Mitteilung vom 25.03.1999
/35/ Die Schwedische Landesaufnahme von Vorpommern 1692 – 1709, Band: Land nördlich der Ziese. Veröffentlichung der Historischen Kommission für Pommern. Steinbecker Verlag Ulrich Rose. Greifswald 1999
/36/ Amt Lubmin, Informationen für Gäste und Bürger. BVB-Verlagsgesellschaft mbH. Nordhorn 1999
/37/ Wolfgang Hornemann, Zu den Wüstungen im Westteil des Landes Wusterhusen (1200-1300); in: Greifswald-Stralsunder Jahrbuch, Band 7 1967. VEB Hinstorff Verlag. Rostock 1967
/38/ Fred Ruchhöft, Alte Burgen in alten Grenzbeschreibungen des Klosters Eldena. In: Archäologische Berichte aus Mecklenburg-Vorpommern, Band 21, 2014
/39/ Akademie der Wissenschaften der DDR, Zentralstelle für Alte Geschichte und Archäologie, Corpus Archäologischer Quellen zur Frühgeschichte auf dem Gebiet der DDR. 2. Lieferung. Herausgegeben von Joachim Herrmann und Peter Donat. Akademie-Verlag Berlin 1979
/40/ Vedel Simonsens geschichtliche Untersuchung über Jomsburg im Wendenlande. Aus dem Dänischen von Ludwig Giesebrecht, nach 1813.
/41/ Ministerium für Bau, Landesentwicklung und Umwelt Mecklenburg-Vorpommern, Generalplan Küsten- und Hochwasserschutz Mecklenburg-Vorpommern, Schwerin o.D.
/42/ Alfred Gomolka, Der Uferrückgang bei Freesendorf. In: Wissenschaftliche Zeitschrift der Ernst-Moritz-Arndt-Universität Greifswald, Math.-nat. Reihe, Nr. 1/2, Jahrgang XX, 19-25, Greifswald 1971

/43/ Peter Herfert, Ralswiek, ein frühgeschichtlicher Seehandelsplatz auf der Insel Rügen. In: Greifswald-Stralsunder Jahrbuch, Band 10. Hermann Böhlaus Nachfolger Weimar 1973
/44/ Joachim Herrmann, Zwischen Hradschin und Vineta – Frühe Kulturen der Westslawen. Urania-Verlag Leipzig, Jena, Berlin 1971
/45/ Die Geschichten von den Orkaden, Dänemark und der Jomsburg. In: Thule, Altnordische Dichtung und Prosa, Zweite Reihe, 19. Band. Herausgegeben von Felix Niedner. Eugen Diederichs Verlag, Jena 1922
/46/ Adolf Hofmeister, Der Kampf um die Ostsee vom 9. bis 12. Jahrhundert. Matthiesen Verlag, Lübeck und Hamburg 1960
/47/ Hannelore Sattler, Gerhard Heß, Pommern in alten Karten aus fünf Jahrhunderten. Kartenmappe mit Erläuterungen. O. D.
/48/ Gerhard Heß, Das Küstengebiet Vorpommerns im Spiegelbild historischer Karten. In: Greifswald-Stralsunder Jahrbuch, Band 7 1967. VEB Hinstorff Verlag. Rostock 1967
/49/ Oswald Dreyer-Eimbcke, Geschichte und Geschichten der Kartographie von Mecklenburg-Vorpommern. KomRegis Verlag, Oldenburg 2008
/50/ Frank Mohr und Gregor Stenzel, Landkarten – Zeitbilder. Edition Temmen, Bremen 2001
/51/ Walter Schumacher, Flutkatastrophen an der deutschen Ostseeküste. Verlag Redieck & Schade Rostock 2003
/52/ Joachim Herrmann, Ralswiek auf Rügen. Die slawisch-wikingischen Siedlungen und deren Hinterland. Teil I – Die Hauptsiedlung. Beiträge zur Ur- und Frühgeschichte Mecklenburg-Vorpommerns, Band 32, Lübstorf 1997
/53/ Ingrid und P. Werner Lange, Vineta, Atlantis des Nordens. Urania-Verlag Leipzig, Jena, Berlin 1988
/54/ Werner Becker, Vom alten Bild der Welt. Koehler & Amelang, Leipzig 1971. S.105
/55/ Stralsundische Chronik und Das Heilige Land. Sogenannter Wiener Codex. Handschrift als Abschrift alter Chroniken. Stadtarchiv Stralsund
/56/ Landesvermessungsamt Mecklenburg-Vorpommern, Preußisches Urmeßtischblatt im Maßstab 1:25000, Faksimile-Ausgabe der um 1835 hergestellten Karten. Schwerin. Im Text: PUMB mit der Nummer des Kartenblatts
/56/ Daniel Cramer, Das Ander Buch des Pommerischen Kirchen Chronici. Druck und Verlag Nicolai Barthelt, Stettin 1628
/57/ Martin Wehrmann, Geschichte von Pommern. Erster Band. Bis zur Reformation. 2., umgearbeitete Auflage. Weidlich Reprints. Würzburg 1982
/58/ Christian Lamschus (Hrsg.), Salz – Arbeit – Technik; Produktion und Distribution in Mittelalter und Früher Neuzeit. Deutsches Salzmuseum, Lüneburg 1989 . Darin:

Hans-Henning Walter:	Technologie der Siedesalzproduktion von der Urzeit bis zur Gegenwart
Christian Lamschus:	Die Bergwerke der Saline Lüneburg. Arbeit und Technik in Mittelalter und Neuzeit
Gabriele Isenberg:	Mittelalterliche Salzproduktionen am Hellweg. Ergebnisse einer archäologischen Untersuchung im Sälzerquartier in Soest

/59/ Winfried Schich, Beobachtungen und Überlegungen zur Salzgewinnung in Mecklenburg und Vorpommern in der slawisch-deutschen Übergangsperiode, in: Germania Slavica II, Berlin 1981
/60/ Erdbaulabor Regine Nehmzow, Züssow, Profil der Sondierung „Spandowerhagen, RKB1", Bericht vom 30.09.2014
/61/ Wladislaw Filipowiak, Wolin . Vineta, Ausgrabungen in einer versunkenen Stadt. Rostock – Stralsund 1986
/62/ Jochen von Fircks, Wikingerschiffe. Hinstorff-Verlag Rostock, 1. Auflage 2014

/63/ Adolf Zinzow, Vineta und Palnatoke, der nordische Tell. Pyritz 1870
/64/ Snorris Königsbuch (Heimskringla). In: Thule, Altnordische Dichtung und Prosa, Zweite Reihe, 14. Band. Herausgegeben von Felix Niedner. Eugen Diederichs Verlag, Jena 1922
/65/ Snorris Königsbuch (Heimskringla). In: Thule, Altnordische Dichtung und Prosa, Zweite Reihe, 16. Band. Herausgegeben von Felix Niedner. Eugen Diederichs Verlag, Jena 1923
/66/ Axel Dietrich, Peenemünde im Wandel der Zeiten. Peenemünde 1996
/67/ Lutz Mohr, Ein geheimnisvoller Hafen an der vorpommerschen Küste im 12. Jahrhundert. In: Heimathefte für Mecklenburg und Vorpommern, 12. Jahrgang, Heft 3/2002
/68/ Roland Elsner, Im 12. Jahrhundert: Der „portus Darsinus" – rätselhafter Hafen im Greifswalder Bodden. In: Heimathefte für Mecklenburg und Vorpommern, 13. Jahrgang, Heft 3/2003
/69/ Horst-Diether Schroeder und Wolfgang Hornemann, Die Sitze der Redarier und die Lage Rethras. In: Greifswald-Stralsunder Jahrbuch, Band 10 -1972/1973, Hermann Böhlaus Nachfolger, Weimar 1973
/70/ Konrad Fritze, Die Hansestadt Stralsund. Petermänken-Verlag Schwerin 1961
/71/ L. Quandt, Waldemar und Knuts Heereszüge im Wendenlande. In: Baltische Studien. Stettin 1844

Weitere Literatur zur slawischen Besiedelung des nördlichen Vorpommern

- Johannes Bugenhagen, Pomerania. Faksimiledruck und Übersetzung der Handschrift von 1517/18. Thomas Helms Verlag, Schwerin 2008
- Merian, M., Beschreibung der vornemtesten und bekanntisten Stätte und Plätze in dem hochlöblichsten Churfürstentum und March Brandenburg und dem Hertzogtum Pommern. Faksimile-Ausgabe Kassel und Basel 196
- H. J. Eggers, Funde der wendisch-wikingischen Zeit in Pommern. Kiel 1978
- Manfred Scheuch, Historischer Atlas Deutschland. Weltbild, Augsburg 2008
- Rolf Schneider, Kleine Geschichte des Landes Mecklenburg-Vorpommern. Argon Verlag. Berlin 1993
- Manfred Schelzel, Wikingerzüge. Ingo Koch Verlag Rostock 2001
- Horst-Diether Schroeder, Kämpfe um Rügen im Mittelalter. In: Greifswald-Stralsunder Jahrbuch Band 8 1968/1969. Hermann Böhlaus Nachfolger. Weimar 1969
- Lutz Mohr, Herzog Wartislaw und das Kloster Stolpe. In: Heimathefte für Mecklenburg und Vorpommern 1/1996
- Maik-Jens Springmann, Fundort Ostsee. Hinstorff Verlag Rostock 2000
- L. Quandt, Chronologische Bemerkungen und Berichtigungen zu pommerschen Urkunden. In: Baltische Studien. Stettin 1844
- Herbert Ewe, Das alte Bild der Vorpommerschen Städte. Verlag Hermann Böhlaus Nachfolger Weimar 1996

- Islands Besiedelung und älteste Geschichte.
  In: Thule, Altnordische Dichtung und Prosa, 23. Band. Herausgegeben von Felix Niedner. Eugen Diederichs Verlag, Jena 1928
- Fred Ruchhöft, Ralswiek, Schaprode und die Anfänge von Stralsund – Maritime Siedlungen auf der Insel Rügen.
  In: Bodendenkmalpflege in Mecklenburg-Vorpommern, Jahrbuch 55, 2007.
- Norbert Buske, Von untergegangenen Kirchen und Kapellen. In: RUGIA Journal 1996
- Wolfgang Froese, Geschichte der Ostsee – Völker und Staaten am Baltischen Meer. Casimir Katz Verlag Gernsbach 2002
- Michael North, Geschichte der Ostsee – Handel und Kulturen -. Verlag C. H. Beck München 2011
- Johann Micraelius, Erstes Buch des Alten Pommerlandes. Druckerei und Verlag von Johann Kunckel, Stettin 1723
- Johann Micraelius, Drittes Buch des Alten Sächsischen Pommerlandes. Druckerei und Verlag von Johann Kunckel, Stettin 1723

Silhouette des Bauerberges bei Wehrland, auf dem die Tempelburg Rethra lag. Foto: Ulf-Peter Schwarz

Standort der Tempelburg Rethra

In Veröffentlichungen sowie in der Ausstellung zur Geschichte Pommerns im Pommerschen Landesmuseum Greifswald wird die Tempelburg Rethra im Tollense-Gebiet südlich von Neubrandenburg vermutet, obwohl es dafür keine sicheren Beweise gibt. Deshalb soll in diesem Beitrag daran erinnert werden, dass bereits vor rund 50 Jahren Horst-Diether Schroeder und Wolfgang Hornemann /1/ mit überzeugenden Argumenten dargestellt haben, dass die Redarier etwa vom 9. bis zum 11. Jh. an der unteren Peene und westlich des Peenestroms gesessen haben und dass Rethra am Ufer des Peenestroms zwischen Wolgast und Lassan gelegen hat.

Überlieferungen zur Lage und Geschichte von Rethra

In der Tempelanlage von Rethra (Riedegost, Redigost, Zuari) wurde Svarozic (nach Joachim Herrmann /2/), die oberste Gottheit des slawischen Stammesverbandes der Wilzen (Lutizen) verehrt. Für die Redarier war es das Stammesheiligtum. *„Religiöse, militärische und politische Fragen wurden durch die Orakelgottheit Redigost oder durch Lose entschieden“* /3/

Über diesen Tempel berichten Thietmar von Merseburg (975 – 1018) und Adam von Bremen (gestorben zwischen 1081 und 1085).

Thietmar von Merseburg schreibt: *„Im Redariergau liegt eine Burg mit Namen Riedegost, dreihörnig und mit drei Toren, ganz von einem großen Walde, den die Bewohner unversehrt und heilig halten, umgeben. Zwei ihrer Tore stehen allen, die hinein wollen, offen; das dritte, das nach Osten schaut und ganz klein ist, weist den Pfad zum Meere unmittelbar daneben und schreckhaft zu sehen. In dieser Burg steht nichts als das Heiligtum, aus Holz kunstreich gebaut und statt der Fundamente von den Hörnern verschiedener Tiere getragen.“* (nach /4/)

Im Bericht des Adam von Bremen steht: *„Der Tempel dort groß gebaut ist zerstört, dessen Herrscher ist Redigast. Sein Götzenbild ist golden, auserlesen das Purpurgewand. Die Stadt selbst hat neun Tore, auf allen Seiten von einem tiefen Gewässer eingeschlossen; eine hölzerne Brücke gewährleistet den Übergang, über welchen nur den Opfernden oder den um ein Orakel Bittenden der Gang gestattet ist.“* (nach /4/, siehe auch Helmold von Bosau /5/)

Thomas Kantzow /6/ berichtet, dass Fürst Mestivoi *„in die Stadt der Lutizier, Retre,“* zog, dort *„alle Pomern und Ostwenden“* versammelte, dem Christentum abschwor und mit den Slawen nach Brandenburg und Mecklenburg zog und dort Klöster und Kirchen zerstörte.
Der Geschichtsschreiber Johann Micraelius /7/ meint, dass Rethra nach der Schlacht an der Raxa (wahrscheinlich die Recknitz) im Jahre 955 von dem deutschen König Otto I. zerstört wurde.
Im Verlaufe des Aufstandes des Lutizenbundes im Jahre 1066 wurde der christliche Obodritenfürst Gottschalk bei Lenzen erschlagen und der mecklenburgische Bischof Johannes I. in das slawische Heiligtum Rethra verschleppt und getötet /8/.
Thomas Kantzow /6/ berichtet, dass Bischof Johann von Mecklenburg getötet wurde; *„das Haupt aber staken sie auf einen Spieß und trugens mit Triumpf gen Rhetre zu ihrem Abgott, Radegast; im Wintermonat nach Christi Geburt 1066.“* Ähnlich berichtet es Helmold von Bosau /5/.
Der Tempel in Rethra wurde im Jahre 1068 durch ein Heer unter Führung des Bischofs Burchard II. von Halberstadt erobert (/4/, /8/).
Horst Keiling meint: Das heilige Pferd wurde entführt; 1151 endgültige Zerstörung (/3/).
Henning Rischer (/8/) sagt, dass Rethra beim Wendenfeldzug Lothars von Supplinburg im Jahre 1114 zerstört wurde.
H. Stoob schreibt: 1068/69 Winterfeldzug Heinrichs IV., Rethra zerstört, später nicht mehr genannt (Wiederaufbau bleibt aber möglich, vielleicht erst 1124/28 endgültige Vernichtung durch Lothar III.).
Nach dem Fall Rethras wurde der Tempel des Svantewit in der Burg am Kap Arkona auf Rügen bis zu seiner Zerstörung durch die Dänen im Jahre 1168 das wichtigste Heiligtum der Slawen an der südlichen Ostseeküste. Der Standort von Rethra geriet in Vergessenheit.

Theorien zur Lage von Rethra

Aufgrund von Funden aus der Slawenzeit auf der „Fischerinsel in der Tollense ... östlich von der Siedlung Wustrow" wurde diese Insel für den Standort von Rethra gehalten. /4/ Carl Schuchhardt /4/ war sich in Auswertung seiner Ausgrabungen sicher, dass Rethra auf dem Schlossberg am Ufer des Breiten Luzin bei Feldberg lag. Nach der wissenschaftlichen Wertung der Grabungen von J. Herrmann wird die große Burganlage auf dem Schlossberg auf das 7. bis frühe 9. Jahrhundert datiert /9/; es wird ausgeschlossen, dass es sich hier um das slawische Heiligtum Rethra handelt. Horst Keiling schreibt: *„am wahrscheinlichsten ist die Halbinsel Lieps südlich des Tollensesees"* (/3/).

Johannes Micraelius /7/ schreibt: *„Die berühmte Stadt Rethre an der Peene ..."*.

Adam Geschovius /10/ berichtet: *„Rethra die Haubt Stadt der Redarier soll nach Helmoldo* (von Bosau) *und Adami Bremensis Meynung in der Gegend Anklam an der Peene gelegen sein"*.

Nach dem Horst-Diether Schroeder /1/ die Grenzen des Stammeslandes der Redarier nach überzeugenden Argumenten mit Ziese, Achterwasser, Kleines Haff, Zarow, Landgraben, Tollense sowie dem ehemaligen Waldgebiet zwischen Ryck / Trebel und Schwinge beschrieben hat und sicher ist, dass Rethra als wichtigstes Heiligtum im Lande der Redarier, dem mächtigsten Stamm der Wilzen, lag, hat Wolfgang Hornemann /1/ den Bauerberg am Peenestrom zwischen Waschow und Wehrland in der Nähe von Lassan als den Standort von Rethra beschrieben. Auch Manfred Scheuch /11/ gibt als Sitz der Redarier das Gebiet um den Unterlauf der Peene an.

Versuch zur Rekonstruktion der Tempelburg Rethra auf dem Bauerberg

Wolfgang Hornemann /1/ vergleicht den Bauerberg und seine Umgebung mit der Beschreibung Rethras von Thietmar von Merseburg und stellt fest, dass der von sumpfigen Niederungen und dem Peenestrom umgebene bis zu 23 m hohe Bauerberg eine dreieckige Grundfläche hat und dass der im Osten gelegene Peenestrom (zwischen Bauerberg und Mövenort auf dem Gnitz / Insel Usedom etwa 2,5 km breit) mit der Krumminer Wiek und der Verbindung zum Achterwasser (12 km Wasserfläche zwischen dem Bauerberg und Loddin auf der Insel Usedom) als Meer gedeutet werden kann. Da der Bauerberg im ehemaligen Land Lassan liegt und „Lassan" als „Waldbewohner" gedeutet wird, kann damit auch der große Wald nachgewiesen werden, den Thietmar von Merseburg erwähnt hat.

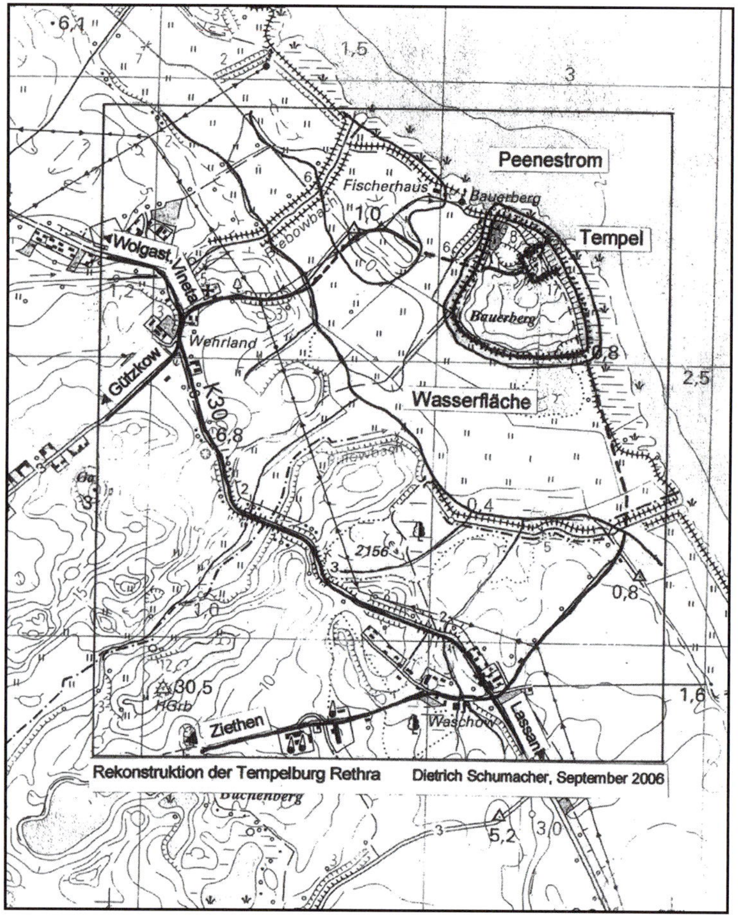

M. E. kann nach den Aussagen der geologischen Karten angenommen werden, dass die feuchten Wiesen, die heute den Bauerberg an seiner West- und Südseite umgeben, im 11. Jahrhundert Wasserflächen waren, die später verlandeten und erst im 20. Jahrhundert durch Deiche vor Überflutung geschützt wurden. Das entspricht dem Hinweis von Adam von Bremen, dass die „Stadt“ von einem tiefen Gewässer eingeschlossen war.
Wolfgang Hornemann nimmt an, dass der Tempel nicht von einem Wall umgeben war und dass deshalb von der ganzen Anlage höchstens noch Pfostenlöcher als Fundamentreste und Holzkohle als Reste der abgebrannten Tempelanlage zu finden sein können.
M. E. müsste eine solche bedeutende Tempelanlage von einem Wall umgeben gewesen sein, wie Arkona und die Hertha-Burg auf Rügen. Bei Untersuchungen mit der Wünschelrute, die vom Verfasser veranlasst wurden, fand Hans-Peter Nehmzow Anhaltspunkte für eine Walltrasse von ca. 6 m Breite nahe am heutigen Waldrand; d. h., in der Nähe des ehemaligen Ufers der Tempelinsel.

Rekonstruktion der Lage der Tempelburg Rethra
Dietrich Schumacher 2006

Da die Insel auf drei Seiten von einem breiten Gewässer umgeben war, genügte zur Verteidigung offenbar ein niedriger Wall. An dem steilen Hochufer am Peenestrom war offenbar kein Schutzwall erforderlich. Die mit der Wünschelrute gefundenen Punkte deuten darauf hin, dass der Tempel nahe der vorhandenen Bebauung an der höchsten Stelle des Bauerbergs lag.
Außerdem ist es denkbar, dass entsprechend dem Bericht Adams von Bremen Reste mindestens einer hölzernen Brükke gefunden werden können. Solche Brücken sind bei Ausgrabungen slawischer Burgen, die auf Inseln lagen, entdeckt worden (z. B. Behren-Lübchin, Groß Raden, Burginsel im Teterower See).
Eng verbunden mit der Lage der Brücken sind die Standorte der Tore. Die Differenz zwischen der Angabe von Thietmar von Merseburg (3 Tore) und dem Bericht von Adam von Bremen (9 Tore) lässt sich vermutlich folgender Maßen erklären: Im Wall am Inselufer waren zwei Tore. Auf dem Steilufer befand sich ein Tor als oberer Abschluss des Pfades, der vom Tempelbezirk zu einem Steg am Achterwasser führte; einen Pfad mit Spitzkehren gibt es auch heute am Hochufer. Vor den Toren lagen jeweils eine Brücke bzw. ein Steg, deren Enden jeweils durch ein Tor gesichert waren. Außerdem können etwa in der Mitte der Brücke (ähnlich dem Brückenhaus auf der Brücke des Tempels von Groß Raden) Tore vorhanden gewesen sein. Andererseits können sich auch in dem Wall direkt um den Tempelbezirk 3 Tore befunden haben.
Wolfgang Hornemann /1/ hielt folgende Wegeverbindungen zur Tempelburg für denkbar: der bestehende Weg von Wehrland und eine nicht mehr bestehende Verbindung direkt von Waschow aus.
M. E. sind zur Ermittlung der Wegeführung zur Tempelburg fünf Trassen zu untersuchen:

- der bestehende Weg von Wehrland über Fischerhaus zur Siedlung Bauerberg; der bis zu 5,7 m aufragende Bereich am Peenestrom nördlich des Bauerbergs war wahrscheinlich vor 1000 Jahren eine Insel, so dass zwei Brücken von insgesamt ca. 300 m Länge erforderlich waren; südlich dieses Weges, etwa 200 m östlich von Wehrland hat Wolfgang Hornemann Spuren einer slawischen Siedlung entdeckt;
- der bestehende Weg von Wehrland in Richtung Fischerhaus, dann zur Ostküste der ehemaligen Insel führend, von dort über eine Brücke zur Tempelburginsel; auch bei dieser Variante waren ca. 300 m Brückenlänge erforderlich;
- der bestehende Weg südlich von Wehrland, von der Kreisstraße 30 (bei der Höhe 6,8) zur Westspitze des Bauerbergs; die erforderliche Brückenlänge betrug etwa 400 m;

- ein nicht mehr vorhandener Weg, ca. 100 m vor der nördlichen Ortseinfahrt des Dorfes Waschow (bei der Höhe 0,5) von der Kreisstraße abgehend, über die Höhe 2,6 führend, zur Südseite des Bauerbergs; bei Berücksichtigung einer vor dem Bauerberg gelegenen niedrigen Anhöhe kann man mit einer Brückenlänge von 400 m rechnen; an diesem Weg hat Wolfgang Hornemann etwa 100 m von der Kreisstraße slawische Siedlungsspuren gefunden;
- der bestehende Weg von Waschow am Erlenbruch „Klebenhagen" vorbei, über das Grünland zum Boddendeich und auf der Deichtrasse bis zur Südspitze des Bauerbergs führend; bei dieser Trasse wäre eine Brücke von etwa 500 m Länge erforderlich gewesen.

Nach den auf Veranlassung des Verfassers durchgeführten Untersuchungen mit der Wünschelrute durch Hans-Peter Nehmzow kann angenommen werden, dass die o. g. zweite Variante und die letzte Variante zutreffen und dass auf diesen Trassen Brücken von etwa 3 m Breite verliefen. Eine dritte Brücke wird als Anlegesteg unterhalb des Tempels vom Strand am Steilufer in den Peenestrom geführt haben. Diese Zugänge wurden in der Karte „Rekonstruktion der Tempelburg Rethra" dargestellt.

Auf dem Bauerberg wurden, auch bei Grabungen, bisher keine archäologischen Funde aus der Slawenzeit gemacht.

Auf der Trasse der heutigen Kreisstraße OVP 30 bestand wahrscheinlich schon in der Slawenzeit ein wichtiger Weg von Lassan (Hauptort des Landes Lassan) zum Land Vineta. Andere wichtige Landwege verliefen auf der Wasserscheide zwischen den Einzugsbereichen der Peene und der Schwinge: von Wehrland oder Waschow über Wahlendow und Züssow nach Loitz (Übergang über Schwinge und Peene) und nach Grimmen (Übergang über den Trebel-Ryck-Wasserweg), sowie über Bömitz und Klein Bünzow nach Quilow / Stolpe oder Menzlin / Neuhof (Übergang über die Peene) und nach Gützkow (wichtige Burg der Slawen). So war die Tempelanlage Rethra im Stammesland der Redarier für die benachbarten slawischen Stämme (Circipaner, Tollenser, Ukranen und die auf dem Festland wohnenden Ranen) auf dem Landwege erreichbar. Es konnten allerdings zum Erreichen des Tempels auch die Wasserwege Tollense, Trebel, Peene, Ryck, Landgraben genutzt werden. Die Ranen von der Insel Rügen nutzten die Boddengewässer (Strelasund, Greifswalder Bodden, Peenestrom) zur Fahrt nach Rethra. Auch die Wolliner auf den Inselkernen, aus denen sich die heutigen Inseln Usedom und Wolin entwickelten, gelangten über den Peenestrom zur Tempelanlage Rethra.

D. h., Rethra lag, wie für bedeutende slawische Tempelanlagen üblich, auf einem hohen Steilufer an einem großen Gewässer und hatte eine verkehrsgünstige, zentrale Lage innerhalb der Slawenstämme, die den Gott Svarozic verehrten.

Joachim Herrmann /12/ weist darauf hin, dass die Tempelburgen auch Versammlungsplätze der Stammesverbände waren, wo entsprechend den Weissagungen der Priester u. a. Fragen von Krieg und Frieden entschieden wurden. So *„tagte auch die Volksversammlung der Lutizen .... in Rethra"* und bereitete den Lutizenaufstand von 983 und den Kampf gegen den Obodritenfürsten Gottschalk im Jahre 1066 vor, als dessen Ergebnis der Sieg der Lutizen mit der Tötung von Johannes I., dem ersten Bischof von Mecklenburg, in Rethra gefeiert wurde /8/. Ob diese Versammlungen im Burgbezirk auf der Tempelinsel oder auf der ehemaligen Insel am Weg zwischen Wehrland und der Burg stattfanden, ist unklar.

Literaturverzeichnis

/1/ Schroeder, H.-D. / Hornemann, W.: Die Sitze der Redarier und die Lage Rethras. In: Greifswald-Stralsunder Jahrbuch, Band 10, 1972/1973. Weimar 1973, S. 39, Abb. 1

/2/ Herrmann, J.: Zwischen Hradschin und Vineta. Leipzig, Jena, Berlin 1971, S. 218

/3/ Horst Keiling: Stichworte „Redarier", „Rethra", „Tollenser" in: Landeskundlich-historisches Lexikon Mecklenburg-Vorpommern. Hinstorff Verlag Rostock 2007

/4/ Schuchhardt, C.: Arkona, Rethra, Vineta. Berlin 1926

/5/ Helmold von Bosau : Slawenchronik; neu übertragen und erläutert von H. Stoob. In : Ausgewählte Quellen zur deutschen Geschichte des Mittelalters. R. Buchner (Hrg.) Band 19, Darmstadt 1990. S.111, Anmerkung 3

/6/ Kantzow, Th.: Chronik von Pommern in hochdeutscher Sprache. Anklam 1841, S. 33

/7/ Micraelius, Johannes: Anderes Buch des Alten Wendischen Pommerlandes. Druck und Verlag Johann Kunckel, Stettin 1723

/8/ Heitz, G. / Rischer, H.: Geschichte in Daten – Mecklenburg-Vorpommern. München, Berlin 1995, S.16

/9/ Akademie der Wissenschaften der DDR, Zentralinstitut für Alte Geschichte und Archäologie, Corpus archäologischer Quellen zur Frühgeschichte auf dem Gebiet der DDR (7. bis 12. Jahrhundert). 2.Lieferung, Textband. Berlin 1979, S. 533

/10/ Geschovius, Adam: Historische und Geographische Beschreibung aller verstörten Städte, Schlösser .... des gantzen Pommerlandes. Danzig 1670. Handschrift im Stadtarchiv Stralsund

/11/ Manfred Scheuch: Historischer Atlas Deutschland. Weltbild Augsburg 2008

/12/ Herrmann, J.: Zwischen Hradschin und Vineta. A. a. O.,

Vor dem Hochufer bei Ahrenshoop versank die Tempelburg Swante Wustrow
Foto: Ulf-Peter Schwarz

Swante Wustrow
Zur Lage der Tempelburg und zur Geschichte des Fischlandes

In allen Veröffentlichungen zur Geschichte des Ostseebades Wustrow und des Fischlandes wird angenommen, dass die slawische Tempelburg auf dem Hügel gelegen hat, auf dem jetzt die Wustrower Kirche steht. Diese Annahme ist nicht haltbar, da die Slawen ihre Tempelburgen immer auf dem höchsten Ufer einer Insel errichteten; das beste Beispiel ist die Tempelburg Arkona auf der höchsten und am weitesten in die Ostsee hinausragenden Stelle der ehemaligen Insel Wittow.

Nach der ausführlichen Beschreibung der Geschichte des Fischlandes durch C. J. F. Peters /1/ wurde in mittelalterlichen Urkunden das Gebiet des heutigen Fischlandes als „Zwante wozstrowe“ bezeichnet. Diese Bezeichnung kann man als „Heilige Insel“ oder „Heiligtum auf der Insel“ deuten.

Das Fischland war zur Zeit der Besiedelung durch die Slawen (etwa im 7. oder 8. Jahrhundert) bis ins 14. Jahrhundert eine Insel, begrenzt durch die Ostsee im Westen, den Strom im Zuge der heutigen Straße „Am Strom“ und des Grenzgrabens in Ahrenshoop im Norden, den Saaler Bodden im Osten sowie den damaligen Meeresarm Permin im Süden. Diese Insel war im 7. Jahrhundert wahrscheinlich etwa doppelt so groß wie das heutige Fischland.

Eine anschauliche Darstellung der topografischen Entwicklung von Fischland, Darß und Zingst findet man bei A. W. Kasten „DER DARSS Urwaldland zwischen Meer und Bodden“, Neumann Verlag Radebeul und Berlin 1952.

Nach dem „Generalplan Küsten- und Hochwasserschutz Mecklenburg-Vorpommern“ /2/ betrug der Landverlust an der Ostseeküste im Bereich des Fischlandes 55 m in den letzten 100 Jahren, obwohl durch Buhnenbau seit etwa 100 Jahren eine Verlangsamung des Küstenrückgangs angestrebt wird. Einige Autoren gehen von noch größeren Landverlusten aus; so wird im „Exkursionsführer für Mecklenburg-Vorpommern“ /3/ angegeben, dass jährliche Maximalwerte bis fast 12 m auftreten können. Die Dezernatsgruppe Küste des Staatlichen Amtes für Landwirtschaft und Umwelt Mittleres Mecklenburg in Rostock gibt bei „Schutz von sandigen Rückgangsküsten“ an, dass der „mittlere natürliche Küstenrück-

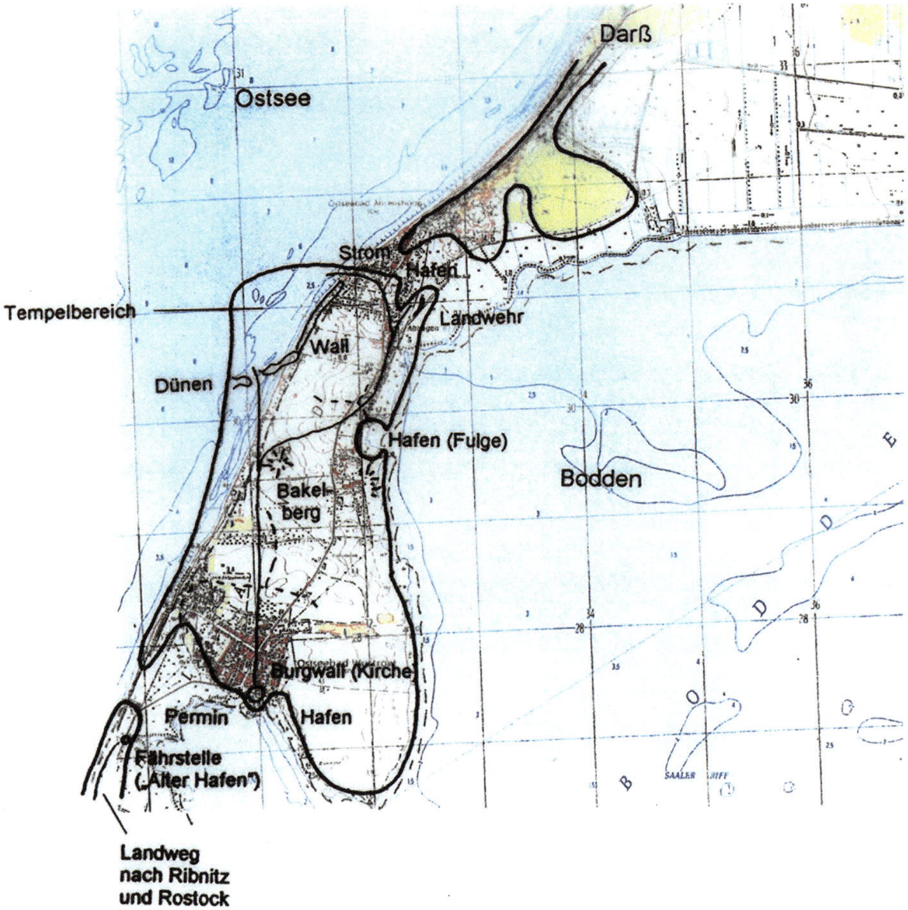

Rekonstruktion
Swante Wustrow auf dem Fischland
Dietrich Schumacher,

gang“ des Fischlands in 100 Jahren 60 m beträgt. Man kann mit einem Rückgang der Ostseeküste im nordwestlichen Bereich des Fischlandes um mindestens 500 m in den vergangenen 1000 Jahren rechnen. Am Kap Arkona wird mit einem Küstenrückgang von 200 bis 250 m in den vergangenen 1000 Jahren gerechnet. Nach einem Bericht der Ostsee-Zeitung /5/ sind von der Tempelburg Arkona, die ursprünglich einen Durchmesser von 300 bis 350 m hatte, etwa zwei Drittel bereits im Meer verschwunden.

Der Verfasser geht nach dem Beispiel der Jaromarsburg bei Arkona auf der ehemaligen Insel Wittow und anderen an der vorpommerschen Küste vermuteten Tempelburgen davon aus, dass die Burg mit dem Heiligtum aus strategischen und repräsentativen Gründen auf der höchsten Stelle der Insel und bei ihrer Erbauung relativ dicht am Hochufer lag, d.h., auf der Nordwestspitze der Insel. Reste sind nicht mehr zu finden, da sich an dieser Stelle jetzt die Ostsee ausdehnt, die dort eine Wassertiefe von bis zu 5 m hat. Das früher überwiegend zum Bau des Tempels und der Burganlage genutzte Holz wurde weggeschwemmt; eventuelle Fundament- oder Pflastersteine unterscheiden sich nicht von den aus dem Steilufer gespülten Steinen; die Küstenströmung ist in diesem Bereich so stark, dass auch andere Zeugnisse der Besiedelung, wie Scherben oder Münzen, bereits weiter transportiert wurden. Als ein Beweis für das Vorhandensein einer Befestigungsanlage im abgetragenen Bereich der Insel kann nach Ansicht des Verfassers die Mitteilung von Käthe Miethe /6/ gewertet werden, dass sie in ihrer Jugendzeit (um 1900) am Hohen Ufer (offenbar am damaligen Hochuferrand) einen Wall gesehen hat. Wenn man die Lage des Walles nach dem inzwischen erfolgten Küstenrückgang berechnet, ergibt sich eine verblüffende Übereinstimmung mit der Darstellung eines Walles auf der Schmettauschen Karte /7/ vom Ende des 18.Jahrhunderts. Dieser niedrige Wall bildete wohl in Verbindung mit der geologischen Besonderheit des Althäger Dünenzuges die vorderste Verteidigungslinie zum Schutz der Vorburg und zur Abriegelung der Nordwestspitze der Insel.

Die Lage im Grenzbereich mehrerer slawischer Stämme auf dem Hochufer einer weit ins Meer ragenden Insel kann darauf hin deuten, dass dieses Heiligtum für viele Slawen von großer Bedeutung war.

Nach Ansicht des Verfassers waren die an herausragenden topografischen Punkten errichteten Tempelburgen nicht nur Anlagen zur Verehrung der slawischen Götter und Treffpunkte der Stämme, sondern auch Landmarken für die Schifffahrt. Die Insel, das heutige Fischland, lag im Zuge des Schiffsverkehrs an der Ostseeküste und in den Boddengewässern sowie als Zugang zum Recknitz-Trebel-Peene-Schifffahrtsweg. Die Wikinger und die Slawen konnten mit ihren Booten an einem Tage etwa 40 km fahren, wenn sie ruderten, oder etwa 60 km zurücklegen, wenn sie segelten. Nach einem Tagestörn machten sie, wenn möglich, Station in einem geschützten Hafen. So bildete sich die Kette der Hafenorte: Oldenburg in Holstein, Alt-Lübeck, Rerik (beim heutigen Groß Strömkendorf), Warnemünde/Dierkow (Rostock), Swante Wustrow, Barth, Schaprode, Ralswiek, Stralow bei Stralsund (siehe Kapitel „Stralow / Svold, Schadegard, Stralsund"), Vineta bei Lubmin (siehe Kapitel „Lage und Entwicklung des Landes und der Stadt Vineta"), Wolgast, Usedom, Wollin.

Die für einen Rast- und Handelsplatz sowie für den Besuch des Tempels erforderlichen Häfen auf dem Fischland sind nach den jetzigen topografischen und geologischen Merkmalen an der ehemaligen Nordküste der Insel (am Strom), an der Ostküste (Fulge) und an der Südküste (Permin) auszumachen:

Der Hafen an der Südküste (Bereich des heutigen Hafens Wustrow) wird als Anlegestelle für die Fähre über den Permin zum Landweg vom „Alten Hafen" (auf der Südseite der damaligen Meerenge) über Dierhagen nach Ribnitz und Rostock gedient haben. Am „Alten Hafen" wurden mehrere Bruchstücke von hölzernen Bootsspanten und Scherben gefunden /8/, die auf die Lage der festlandseitigen Fährstelle hin deuten. Die Wallanlage, auf der jetzt die Wustrower Kirche steht, war offenbar zum Schutz der Fährstelle und zur Beherrschung der Meerenge Permin errichtet worden, nicht als Platz für einen Tempel. Hier wurden einige Scherben aus dem 8. bis 12. Jahrhundert gefunden. Für eine Tempelburg war die Wallanlage zu klein und die Lage in der Landschaft nicht spektakulär genug. In der Nachbarschaft dieses Hafens wird eine kleine Siedlung der Fährleute und Fischer gelegen haben.

Der am besten geschützte Hafen wird der Landeplatz an der Nordküste der Insel (heutige Niederung zwischen dem „Grenzgraben" und der „Brandstelle") gewesen sein. Es ist zu vermuten, dass die noch vorhandene Landwehr am Dornenhaus (am Grenzgraben und am Bodden gelegen) in Verbindung mit dem Höhenzug des jetzigen Bernhard-Seitz-Weges als Verteidigungsanlage für diesen Hafen diente. Auch der Höhenzug auf dem Grenzweg mit einer Höhe bis zu 12 m über NN bot gute Bedingungen für eine Verteidigungsanlage westlich des Hafens. Der südlich des vermuteten

Hafens gelegene Hang wird in der Katasterkarte als „Brandstelle“ bezeichnet; dies könnte ein Hinweis sein auf Reste der bei einem Überfall durch Brand zerstörten Schiffe oder auf eine abgebrannte Hafensiedlung.
Nach den topografischen und geologischen Bedingungen kann man davon ausgehen, dass es an der Ostküste des Fischlands, in der Fulge (verlandeter Bereich mit dicker Torfschicht) zwischen Althagen und Niehagen, eine Bucht oder Lagune geben hat, die als großer Hafen dienen konnte. Als günstige Standorte für Verteidigungsanlagen zu diesem Hafen und für Siedlungen boten sich die Höhenrücken am Boddenufer (Südteil des heutigen Ortsteils Althagen, besonders aber auch der Nordteil des heutigen Niehagen) an.
Der Bakelberg mit seiner Höhe von 18 m über NN diente wahrscheinlich als Beobachtungspunkt; von hier aus konnte die ganze Insel eingesehen werden sowie der Schiffsverkehr auf der Ostsee und dem Saaler Bodden beobachtet werden. Zahlreiche Funde von Steinwerkzeugen beweisen, dass die Insel bereits in der Steinzeit bewohnt war.
Auch die Überreste von Pfahlbauten wurden in der Nähe der Boddenküste zwischen Niehagen und dem Waldstück bei Wustrow gefunden, wie Günther Peters /8/ berichtete. Welcher Zeit dieser Fund zuzuordnen ist, wurde bisher nicht ermittelt. In der Nähe dieser Fundstelle, am „Krusenbrink“, wurden sowohl Steinwerkzeuge als auch eine kleine goldene Zierscheibe, eine Wikinger-Arbeit aus dem 6. bis 8. Jahrhundert, und Glasperlen gefunden (siehe die Dokumentation der archäologischen Funde beim Landesamt für Kultur und Denkmalpflege). Südlich des Waldstücks „Hochhass“ fand der Verfasser eine Greifswalder Münze aus dem Jahre 1425.
Die Tempelburg und der Handelsplatz auf dem Fischland könnten im Jahre 1159 durch den Dänenkönig Waldemar I. bei seinem ersten Wendenzug nach Hiddensee und Barth zerstört worden sein. Es war derselbe König, der im Jahre 1168 die berühmte Tempelanlage und Burg auf Arkona zerstörte. In jener Zeit konnten Befestigungsanlagen auf Inseln, die von schiffbaren Gewässern umgeben waren und von großen Flotten angegriffen wurden, nicht mehr verteidigt werden. Dass die Reste der zerstörten Tempelburg sehr schnell verschwanden, wurde bereits mit dem starken Rückgang der Küstenlinie durch Erosion erklärt. Die Wellen, der Wind, der Niederschlag und der Frost übten eine kontinuierliche Wirkung aus. Heute noch plötzlich auftretende großflächige Hangrutschungen können aus der Tatsache erklärt werden, dass das Grundwasser dieses Bereichs in Richtung Ostsee abfließt und dass sich bei heftigen Niederschlägen oder

Der Ausschnitt eines Aquarells von Mario Hennings zeigt den Rest der Tempelburg Arkona.
So könnte auch eine Etappe des Abgangs der Tempelburg auf dem Fischland ausgesehen haben.

bei starkem Tauwetter zwischen dem untenliegenden Mergel oder Lehm und dem aufliegenden Sand eine Gleitschicht bilden kann, die zu Rutschungen großer Bodenmassen führt.
Dass auch in späteren Zeiten das Fischland und sein nördlich benachbarter Bereich (der Vordarß) als günstige Standorte für die Errichtung eines Seehafens angesehen wurden, zeigen die Bemühungen sowohl der pommerschen Herzöge zum Bau eines Hafens und einer Burg im Bereich des heutigen Ahrenshoop als auch der mecklenburgischen Herzöge zur Errichtung eines Hafens bei Wustrow. Diese Aktivitäten wurden von den Hansestädten, die den Konkurrenzstandort fürchteten, durch Zerstörung der Hafenanlagen und Sperrung der damals wahrscheinlich nur noch kanalartigen Meerengen in den Jahren 1394 (Permin bei Wustrow) und 1395 (Strom bei Ahrenshoop) unterbunden. (/1/) Im Zusammenhang mit der starken Strömung an der Ostseeküste verlandeten die ehemaligen Verbindungen zwischen Ostsee und Saaler Bodden. Diese niedrigen Landschaftsteile waren vor dem Deichbau an der Ostsee- und der Boddenküste bei Sturmfluten bedroht./9/

Karte „Swante Wustrow auf dem Fischland“
Kartengrundlage: Amtliche Topographische Karte 1:25 000, Blatt 1640 Wustrow
Ehemalige Küstenlinie: nach Herbert A. W. Kasten: DER DARSS Urwaldland zwischen Meer und Bodden. Neumann Verlag, Radebeul und Berlin 1952, Seite 39

Literaturverzeichnis

/1/ Peters, C. J. F.: Das Land Swante-Wustrow oder Das Fischland. Ribnitz 1926
/2/ Ministerium für Bau, Landesentwicklung und Umwelt Mecklenburg-Vorpommern: Generalplan Küsten- und Hochwasserschutz Mecklenburg-Vorpommern. Schwerin o. D.
/3/ Greifswalder Geographen: Exkursionsführer Mecklenburg-Vorpommern. Braunschweig 1991
/4/ Staatliches Amt für Landwirtschaft und Umwelt Mittleres Mecklenburg: Schutz von sandigen Rückgangsküsten. Rostock 2013
/5/ Ostsee-Zeitung vom 22.1.2008, S. 3
/6/ Miethe, K.: Das Fischland. 2. Auflage. Rostock 1950
/7/ F.W.C. Graf von Schmettau: Karte des Herzogthums Mecklenburg....., Sectio IV. Berlin 1794 siehe in: Schulz, F.: Ahrenshoop. Fischerhude 1992
/8/ Peters, G.: Mündlicher Bericht. Wustrow-Barnstorf 03.08.1998
/9/ Schulz, F.: Wustrow auf dem Fischlande. Ahrenshoop 1990

Wikingerschiffe, wie sie auch bei der Seeschlacht bei Svold im Jahre 1000 eingesetzt wurden.

Stralow / Svold, Schadegard, Stralsund

Nach den geschichtlichen Überlieferungen ist anzunehmen, dass die Stadt Stralsund sich aus einem slawischen Fähr- und Handelsort an einer Fähre über den Strelasund entwickelte. Hans D. Knapp /1/ geht nach Auswertung von Keramikfunden und Pollenanalysen davon aus, dass die Slawen bereits im 7. Jahrhundert auf die Insel Rügen kamen. Nach anderen Untersuchungen /2/ gründeten die Slawen im frühen 9. Jahrhundert auf Rügen Handelsorte wie Ralswiek und Tempelanlagen wie die Burg Arkona.

Johann Micraelius (1597 – 1658, Pommerscher Chronist) schreibt /3/: *„Und mir ist es auch genug, so ich es glaubwürdig gemacht, dass die ansehnliche Stadt Stralsund nicht erstlich geworden, da sie von Jaromaro dem Rügianischen Fürsten im Jahr 1209 mit Mauern umgeben ward, sondern weil ich den ersten Ausgang des berühmten Oder Stroms* (den von Ptolemäus erwähnten „Suevus") .... *gesuchet und ponderatis omnibus circumstantiis und rationibus bei Ihrem Gellen* (Südspitze von Hiddensee) *gefunden, so ist ausser allem Zweiffel ein solcher zur Wohnung und zum Handel und Wandel bequemer Ort niemaln ohne Volck gewesen, sondern es haben sich von Anfang an daselbst vernünftige, kluge und witzige Leute gefunden, die den Handel verstanden, auch das Ihrige zu Wasser und zu Lande vertheidigen können."*

Unter Berücksichtigung der im 9. bis 12. Jahrhundert bei den Slawen gebräuchlichen Boote (siehe auch S. 16) kommt als günstigste Fährverbindung zwischen dem Festland und der Insel Rügen der Bereich Devin (auf dem Festland) / Drigge (Halbinsel von Rügen) in Frage.

Nach einem Bericht /4/ über den Nachbau eines slawischen Bootes aus dem 10. Jahrhundert, dessen Wrack bei der ehemaligen Handelssiedlung Ralswiek gefunden wurde, hatten seegängige Boote einen Tiefgang von etwa 35 cm (leer, mit Mast, Segel und Ballast) bis 45 cm (mit 1,25 t Last) bei einer Länge von 9,05 m und einer Breite von 2,54 m. Für den Fährbetrieb auf dem Strelasund wurden wahrscheinlich noch kleinere und leichtere Boote mit geringerem Tiefgang genutzt.

Der o. g. Bereich war die schmalste Stelle des Strelasunds. Sie ist heute zwischen dem Deviner Haken und der Halbinsel Drigge nur rund 1000 m breit. Wahrscheinlich war der Strelasund in diesem Bereich früher noch schmaler; das Kliff

Steinort an der Südspitze der Halbinsel Drigge deutet darauf hin, dass es hier einen Küstenrückgang gab. Beim Vergleich der aktuellen topografischen Karte mit der Darstellung der Küsten im Preußischen Urmeßtischblatt von 1835 (PUMB 1744) /5/ sind allerdings für die vergangenen 170 Jahre keine Veränderung der Entfernung zwischen der Südspitze von Drigge (Steinort) und der Nordspitze der Halbinsel bei Devin (Deviner Haken) auszumachen.

Bei der Rekonstruktion der Anfang des 12. Jahrhunderts vorhandenen Küstenlinie kann man folgende Annahmen treffen:

- Der Meeresspiegel lag nach Angaben von Walter Schumacher /6/ etwa 1 m tiefer als heute. Danach könnte man an den Küstenabschnitten, die keiner Abtragung unterliegen und wo keine Verlandung stattfand, die ehemalige Küstenlinie an der heutigen 1m-Tiefenlinie annehmen.
- Beim Vergleich der Darstellung der Küstenlinie an den aktiven Kliffs (Westküsten der Halbinsel Drigge und der Deviner Halbinsel) sowie an der Prosnitzer Schanze im Preußischen Urmeßtischblatt von 1835 (PUMB 1744, 1745) /5/ und der aktuellen topografischen Karte ist kaum ein Küstenrückgang festzustellen.

Nach der gegenwärtigen Lage der Reste (Pfähle aus Beton) des vor etwa 50 Jahren errichteten Zauns um das damalige militärische Übungsgelände auf der Halbinsel bei Devin kann angenommen werden, dass der Küstenrückgang an der Westküste der Deviner Halbinsel etwa 4 bis 5 m in 50 Jahren betrug; dementsprechend kann man an dieser Stelle von einem Landverlust von rund 100 m seit dem Jahr 1000 ausgehen. Man kann annehmen, dass der Strelasund an der schmalsten Stelle im 9. Jahrhundert weniger als 900 m breit war.

Der südliche Teil der heutigen Halbinsel Drigge war zur Slawenzeit eine Insel, die über einen Damm, eine Brücke oder eine Furt mit Rügen verbunden war. Nach den geologischen Karten und auf alten Landkarten, z. B. der um 1690 entworfenen Schwedischen Matrikelkarte „Gustow, Wamper Fähr und Drigge“, ist zu erkennen, dass das heutige Spülfeld zwischen den Halbinseln Drigge und Wampen eine Bucht war, die Melow. Nach Manfred Niemeyer /7/ bedeutet der aus dem Slawischen stammende Name „Melow“ eine Sandbank, eine seichte Stelle oder eine Untiefe. Im Preußischen Urmeßtischblatt um 1835 (PUMB 1744, 1745) /5/ wird dieses Gewässer „Mählen“ und „Das Muhr“ genannt. Auf der „Special Charte der Insel Rügen“, entworfen von Friedrich von Hagenow, gedruckt 1829 in Berlin, sind die o. g. Gewässer zu erkennen, umgeben von Wiesenflächen. Auf dieser Karte (das Original befindet sich in der Historisch-Geografischen Kartensammlung des Instituts für Geologie und Geographie der Universität Greifswald) ist der von Wiesen umgebene Hügel an der Südküste der Halbinsel Drigge, auf dem der Verfasser den Ort Stralow vermutet, gut zu erkennen. Ein Teil der ehemaligen Bucht Melow war noch bis ins 20. Jahrhundert Wasserfläche, umgeben von feuchten Wiesen. Karten aus der Mitte des 20. Jahrhunderts zeigen noch den Inselcharakter des Südteils von der Halbinsel Drigge. In der „Rügen – Verkehrs- und Wanderkarte“ von etwa 1955 werden noch die Wasserflächen „Melow“ und „Das Moor“ dargestellt. Das heutige Landschaftsbild erhielt dieser Bereich durch Aufspülung von Baggergut in der ehemaligen Melow im Zuge der Errichtung des Rügendamms und im Zusammenhang mit Baggerarbeiten in der Strelasund-Fahrrinne. Zur Einrichtung des Spülfeldes wurde etwa 1935 ein Deich zwischen dem Drigger Ort und der Halbinsel Wampen gebaut. In topografischen Karten nach 1955 wird die ehemalige Bucht Melow als feuchte Wiese oder Spülfeld dargestellt. Außer durch Aufspülung wurde das Aussehen der heutigen Halbinsel Drigge durch Baggerarbeiten zur Sand- und Kiesgewinnung an der Nordwestküste der ehemaligen Halbinsel Wampen sowie durch Sandgewinnung und die dazu gehörenden Transportanlagen auf dem Zugang zur Halbinsel im 20. Jahrhundert stark verändert. Der Verlauf der Nordküste der ehemaligen Insel Stralow entspricht etwa der Südgrenze des Spülfeldes; die ehemalige Ostküste wird durch einen teilweise verrohrten Graben markiert.

In diesem Bereich des Strelasunds war es in der Slawenzeit sowohl auf dem Festland als auch auf der rügenschen Seite möglich, mit den Fährbooten immer an einem windgeschützten Küstenabschnitt zu landen.

Die ehemalige Insel Drigge hatte eine pfeilförmige Gestalt. Es liegt nahe, dass diese Pfeilform der Insel und dem darauf zu vermutenden Ort den Namen „Strela“ bzw. „Stralow“, abgeleitet aus dem slawischen Wortstamm „stral“ oder „strel“ für „Pfeil“, gab (nach Teodolius Witkowski /8/).

Oswald Dreyer-Eimbcke /9/ meint, dass „Strela“ „Flussarm“ oder „Landspitze“ bedeutet.

Dass die Insel Dänholm früher den Namen „Stralow“ getragen haben soll, wie einige Historiker annehmen, kann aus den Überlieferungen nicht belegt werden, wie Hansdieter Berlekamp /10/ feststellt. Er hält den Dänholm fälschlicherweise für die in alten nordischen Überlieferungen als „Svöldr“ bezeichnete Insel. Außerdem hat die Insel Dänholm nie

Altstadt Stralsund
Dänholm
Wampen
ehemalige Wasserfläche
Spülfelder
Lage der ehemaligen
Stadt Stralow
Vor 1000 Jahren –
Insel Drigge
KLEIN
BANDELVITZ
NESEBANZ
Gustow
PROSNITZ
DRIGGE
Mittlerer
Strelasund
(Rügen)
ANDERSHOF
VOIGDEHAGEN
DEVIN
Halbinsel
Devin
Mittlerer
Strelasund
(Hansestadt
Stralsund)
© Google_earth

Ausschnitt aus: „Rügen – Verkehrs- und Wanderkarte“ ca. 1955

die Form eines Pfeils gehabt. Aus der Lage mitten im Strelasund mit seiner zeitweise starken Strömung ergibt sich, dass der Dänholm für eine Fährverbindung vom Festland nach Rügen und als Standort für eine bedeutende Siedlung ungeeignet war. Dass die „Insel Strele“ *„ein Deil van Rugen“* gewesen sein könnte, meint bereits Thomas Kantzow um 1540 in seiner Chronik von Pommern (nach /10/), in der er schreibt, dass der Chronist Krantz von einer Stralsund gegenüber liegenden Insel Strele berichtet. In einer anderen Ausgabe der Pommern-Chronik von Kantzow /11/ heißt es: *„und strela ist ein Insel gewest, die gegenüber gelegen ist gewest* (von Stralsund)*, welche Insel aber dieselbe ist, weis man nicht, dan der Name ist vergangen.“*

Karte „Gustow Wamper Fähr Drigge“ aus der Schwedischen Landesaufnahme, um 1690,
Universität Greifswald, Geologisches Institut. www.dhm.uni-greifswald.de

Der Name „Strelasund“ für das Gewässer zwischen Rügen und dem Festland kann von der o. g. Insel abgeleitet worden sein. Allerdings ist es auch denkbar, dass von den gegenüberliegenden Küsten, dem Fuchsberg auf Drigge mit einer Höhe von 13,8 m über NN und dem Bakenberg am Westufer der Deviner Halbinsel mit einer Höhe von etwa 20 m über NN, auf den Strelasund befahrende Feinde ein Pfeilregen der Verteidiger der Fährorte niederging und damit den Grund für die Bezeichnung „Strelasund“ legte.

Der Bereich des Strelasunds zwischen Drigge und Devin hatte in der Slawenzeit eine große strategische Bedeutung. M. E. fand hier die berühmte Seeschlacht des Dänenkönigs Sven Gabelbart (auch Svend genannt) mit 60 Schiffen, des Schwedenkönigs Olaf Skötkonung mit 12 Schiffen und der Söhne des norwegischen Jarls Hakon (in der Heimskringla /12/ wird der Anführer Jarl Erich genannt) mit 15 Schiffen gegen den norwegischen König Olaf Tryggvason (in der Heimskringla /12/ Olaf Tryggvissohn genannt) mit 11 Schiffen am 9. September 1000 bei der Insel Svöldr statt (Beschreibung der Beteiligten nach Adolf Zinzow /13/). In der Heimskringla /12/ berichtet um 1225 der Isländer Snorri Sturlassohn, dass die Gegner von Olaf Tryggvissohn verabredet hatten, König Olaf *„bei der Insel Svold aufzulauern“*. Richard Hennig /14/ gibt für den Ort der Seeschlacht die Namen „Svolderoie“, „Svöldr“, „Svoln“ an. Olaf Tryggvason wollte mit seiner Flotte von der Jomsburg (zwischen den heutigen Ortschaften Spandowerhagen und Freest am Peenestrom gelegen, siehe Kapitel „Lage und Entwicklung des Landes und der Stadt Vineta“) kommend in die Heimat segeln. Wahrscheinlich hatten die Flotten der Angreifer in der Melow, in der Wamper Wiek und nördlich vom Dänholm auf der Lauer gelegen. In der Heimskringla wird berichtet, dass dem Jarl Sigwaldi (ein Krieger aus der Jomsburg und heimlicher Verbündeter der Angreifer, der dem norwegischen König die günstigste Segelroute zeigen wollte), als er *„sich dem Land bei Svold näherte“* gemeldet wurde, dass *„das Heer des Dänenkönigs dort im Hafen läge“*. Offenbar ist mit dem Hafen von Svold die Melow gemeint. Sigwaldi segelte in Richtung Ziegelgraben (Fahrwasser zwischen dem Festland und dem Dänholm) und ließ den norwegischen König in das Fahrwasser zwischen dem Dänholm und Rügen segeln. Als die Flotte von König Olaf Tryggvason nach /12/ *„auf den Holm zusegelte“*; d. h., an Svold vorbei auf den Dänholm zufuhr, *„da ruderte das ganze feindliche Heer* (offenbar die Dänen) *in den Sund hinaus“* und schnitt der norwegischen Flotte den Rückweg nach Süden ab. Aus der Wamper Wiek griff die schwedische Flotte an. Hinter dem Dänholm kam die Flotte des Jarls Erich hervor, schnitt dem norwegischen König die Fahrt in Richtung Norden ab und griff die Schiffe des Olaf Tryggvason an, d. h., die Seeschlacht bei Svold fand im Gewässer zwischen der Halbinsel Drigge, der Insel Dänholm und der rügenschen Küste beim heutigen Ort Grahler Fähre statt. Der Dänenkönig Svend, der Schwedenkönig Olaf und der norwegische Jarl Erich beobachteten vom „Holm" aus das Kampfgeschehen. Die Flotte von Olaf Tryggvason wurde vernichtend geschlagen. Der König soll ins Wasser gesprungen sein, als er die Aussichtslosigkeit seiner Lage erkannte, und ertrunken sein. In der Heimskringla-Saga /12/ wird eingehend über die Seeschlacht und den Tod von König Olaf berichtet, aber auch eingeräumt, dass es Berichte gäbe, wonach die slawische Mannschaft eines am Kampf nicht beteiligten Schiffes (das den Jarl Sigwaldi begleitet hatte) Olaf Tryggvason aufgenommen und an Land gebracht habe. Hans-Joachim Stoll /15/ erwähnt, dass erzählt wurde, dieses Schiff war das Boot von Astrid, der Frau von Jarl Sigwald und Schwägerin von König Olaf.

Auch in einem anderen alten isländischen Bericht („Das Buch von der Einführung des Christentums" in /16/) heißt es: *„In demselben Jahr verschwand König Olaf von dem Langwurm* (Schiff des Königs) *im Süden bei Svold an den vierten Iden des September"*.

Adolf Zinzow /13/ berichtet von einer Sage, nach der Olaf Tryggvason auf seinem Schild schwimmend Rügen erreicht hat und von dort später nach Rom, Jerusalem und Syrien geflohen ist. Nach /17/ waren die an der Seeschlacht beteiligten größeren Wikingerschiffe etwa 25 m lang und 5 m breit und hatten einen Tiefgang von 0,9 m.

Im Bericht der Heimskringla-Saga über die Seeschlacht im Jahre 1000 wird nach meiner Kenntnis zum ersten Mal die Bezeichnung „Holm" für den Dänholm verwendet. „Holm" ist in alten skandinavischen und slawischen Sprachen der Ausdruck für „kleine Insel" oder „Hügel". Ob die Bezeichnung „Dänholm" von der o. g. Episode stammt, ist unklar. Wahrscheinlicher ist, dass der Name „Dänholm" daher rührt, dass die Dänen nach der Eroberung und Zerstörung der slawischen Tempelburg Arkona 1168 auf der Insel im Strelasund einen Stützpunkt errichteten, um das Fürstentum Rügen, das unter dänische Herrschaft geriet (der Fürst von Rügen nahm sein Land als Lehen vom dänischen König), besser kontrollieren zu können. Das könnte auch erklären, warum der Dänholm in den Stadtgründungs-Urkunden von

1234 und 1240 nicht als Besitz der Stadt Stralow oder Stralsund erwähnt wurde. Die dänische Hoheit endete wohl im Jahre 1282, als der Fürst von Rügen Wizlaw I. Vasall des deutschen Kaisers wurde. Erst in einer Urkunde vom 1.3.1314 (siehe Pommersches Urkundenbuch V Nr. 2880) bestätigt der Rügenfürst Witzlaw III. der Stadt Stralsund ihre Rechte und Grenzen *„mit dem Deneholme"* (erste urkundliche Erwähnung des Dänholms).
Adolf Zinzow und andere Autoren nehmen an, anders als Hansdieter Berlekamp /10/, dass „Svöldr" oder „Svolder" mit der Insel Greifswalder Oie identisch ist. Nach den strategischen Bedingungen (die o. g. Flottenverbände konnten sich nicht sicher hinter der kleinen Insel Greifswalder Oie verstecken; der Norweger-König hätte auf die Ostsee ausweichen können) und dem überlieferten Verlauf der Seeschlacht (die Flotten kamen nacheinander aus ihren Verstecken und griffen die norwegische Flotte von verschiedenen Seiten an) kann man die Greifswalder Oie nicht mit „Svöldr" gleichsetzen. Alles spricht für die Lage von Svöldr in der Nähe des Dänholms im Strelasund. Nach den isländischen Sagen fand die Seeschlacht im Oeresund statt (nach /13/). Das isländische Wort „ör" bedeutet „Pfeil". Damit entspricht die aus dem Isländischen stammende Bezeichnung „Oeresund" dem aus dem Slawischen her rührenden Begriff „Strelasund". Im Strelasund in der Nähe des Dänholm wurde bei Baggerarbeiten ein Schwert aus dem 10. oder 11. Jahrhundert gefunden, das bei der Seeschlacht verloren gegangen sein kann.
Lutz Mohr und Robert Liese /18/ zitieren Walter Baetke /19/, dass *„...die Gesamtheit der in den Skaldenliedern vorkommenden Hindeutungen auf den Schlachtort* (Svoldr) *ein klares Zeugnis für die pommerschen Gewässer ablegt"* und nehmen an, dass die Seeschlacht bei der Insel Vilm im Greifswalder Bodden stattfand.
Hans-Joachim Stoll /15/ beruft sich auf Walter Baetke und nimmt an, dass der *„Kampfplatz in den Gewässern zwischen Stralsund, Dänholm, Altefähr, Barhöft und dem Gellen, dem Südteil von Hiddensee, zu suchen"* ist. Er beschreibt die Hintergründe und den Ablauf der Seeschlacht.
Meine Ansicht, dass die o. g. berühmte Seeschlacht bei Svold im Strelasund zwischen der Insel Dänholm und Rügen stattfand, vertritt auch Erwin Aßmann /20/, u. a. mit folgendem Argument: *„Wenn man ......* (jemandem) *auflauern will, tut man das logischerweise an einer Stelle, an der er mit Sicherheit möglichst dicht vorbeikommen muss, dass man selber Deckung hat, aber den anderen kommen sieht".*

Nach allen Beschreibungen der alten Geschichtenerzähler muss man davon ausgehen, dass die dabei erwähnte Insel Svold mit der Insel Strale bzw. Strela gleichzusetzen ist. Da Aßmann nicht weiß, dass die heutige Halbinsel Drigge früher eine Insel war, setzt er die in dem Schlachtenbericht genannten Inseln „Svold“ und „Holm“ mit der einzigen heute noch im Strelasund existierenden Insel Dänholm gleich; er interpretiert das Wort „Holm“ als Hügel auf der Insel „Svold“. Aus dem alten Bericht geht m. E. deutlich hervor, dass die Könige von Dänemark und von Schweden vom Dänholm aus beobachtet haben, wie sich die Seeschlacht entwickelte als die norwegische Flotte an Svold (Strale / Strela) vorbei segelte und aus den Buchten heraus von den Dänen und Schweden angegriffen wurde.

Erwin Aßmann /20/ zitiert auch aus dem Bericht des Norwegers Theoderich in der „Historia de antiquitate regium Norwagensium“: *„Dieser Kampf war nahe bei der Insel, welche Svoln genannt wird, und ist gelegen bei dem Slawenland, welches unsere Muttersprache Vinaland* (nach A. Haas /21/ Windland = Rügen) *nennt.“*

Außerdem weist Aßmann auf den Bericht von Saxo Grammaticus hin, dass der Dänenkönig Waldemar im Sommer 1160 von der Warnow zum Svölder gefahren ist und von dort aus Rügen verheert hat.

Die Bezeichnung „Svölder“ wird auch in isländischen Sagas (siehe /22/) verwendet, die über diese Fahrt Waldemars berichten. Entsprechend diesen Berichten ist anzunehmen, dass in den alten skandinavischen Überlieferungen die Worte „Svold“, „Svoln“ oder „Svolder-oie“ die Insel Strela/Strale mit dem darauf befindlichen Ort gleichen Namens meinen und dass das Wort „Svölder“ den Strelasund bezeichnet. Die isländischen Worte svala, svöln, svölur bedeuten „Schwalbe“. Es ist durchaus vorstellbar, dass die Skandinavier von den vielen Uferschwalben, die wahrscheinlich im (damals noch unbewachsenen) hohen Steilufer an der Südspitze der Insel Stralow brüteten, beeindruckt waren. Wenn man heute den Flug der Uferseeschwalben-Schwärme u. a. am Hochufer des Fischlandes betrachtet, kann man die beeindruckende Wirkung nachvollziehen. Dabei lässt der pfeilschnelle Flug und die Pfeilform der Vögel im Flug auch an den slawischen Namen der Insel (Strela/Strale/Stralow = Pfeilort) denken.

Auch A. Haas /21/ versteht unter „Swälder“ *„das schmale Wasser zwischen der Südwestküste Rügens und dem Festlande, von Barhöft im Nordwesten bis zur Südspitze des Zudar im Südosten“.*

Die Halbinsel bei Devin und die Insel Stralow boten ursprünglich nicht nur gute verteidigungstechnische Bedingungen, sie waren auch für den Fährverkehr gut geeignet. Es bestanden bei allen Windrichtungen windgeschützte Küstenabschnitte für das Ablegen und Anlegen sowie für das Be- und Entladen von Booten mit geringem Tiefgang. Erwin Aßmann /20/ beschreibt Küstenabschnitte, die für eine Landung am besten geeignet sind: steinfreier, aber fester Grund; die 1,5m-Tiefenlinie verläuft möglichst dicht am Ufer. Wegen der hier geringen Breite des Strelasunds herrschte eine relativ starke Strömung, die diesen Gewässerabschnitt länger eisfrei hielt als andere Bereiche im Sund.

Auf die große Bedeutung einer Fährverbindung im Raum Devin/Brandshagen für den Handelsverkehr in der slawischen Zeit weist Hansdieter Berlekamp /10/ hin. Er vermutet, dass die am Deviner See gelegene Anhöhe, die früher eine Insel war und in alten Karten als Burgwall bezeichnet wird, die Insel Strela war. Diese ehemalige Insel ist allerdings wegen ihrer geringen Größe nicht für die Errichtung eines Handelsortes geeignet, wie auch Konrad Fritze /23/ feststellt.

Berlekamp hält die Insel Strela im Raum Brandshagen für eine Station des wichtigen Handelsweges Rostock – Pütte – Voigdehagen – Rügen. Von diesem Landweg zweigten auch die Wege nach Prohn und Barth ab, den wichtigen Burgen und Hafenplätzen des Stammes der Ranen bzw. des Fürstentums Rügen auf dem Festland. Eine anderer bedeutender Landweg ging vom Raum Devin über Zarrendorf, Steinhagen, Richtenberg, Dolgen und Drechow nach Tribsees; dieser Ort war in der Slawenzeit ein bedeutendes Handelszentrum am Übergang über die Trebel. Der Handels- und Burgplatz Tribsees war häufig ein Ziel von Raubzügen der Wikinger.

Diese und andere Kriegszüge erfolgten nach der Landung der dänischen Wikinger bei Strela bzw. am Svölder:

Nach Richard Hennig /14/ wird über den 3. Kriegszug Waldemars I. von Dänemark im August 1160 nach Svölder berichtet (siehe auch /22/): *„Darauf ruderten sie über einen breiten Arm, der dort war, und sprengten zu Pferde landeinwärts und verbrannten den ganzen Gau, der oberhalb Strela liegt.“*

Wahrscheinlich 1162 beim 4. Wendenzug König Waldemars *„steuerte er nach Strela“* (nach/22/). Auf Rügen forderte Bischof Absalon die Krieger auf, den Dänenkönig bei seinem Kriegszug nach Wolgast gegen die Pommern zu unterstützen.

In der Knytlingasaga wird (nach A. Haas /21/) berichtet, dass der dänische König Waldemar gegen Ende des Winters 1162/1163 nach Rügen zog, in einem Opferhain bei Straela an Land ging und dort brandschatzte und mit den erbeuteten Gütern und Bewohnern zu den Schiffen zog.
Auf der Rückfahrt vom 5. Wendenzug 1164 (Krieg Herzog Heinrichs von Sachsen und König Waldemars von Dänemark gegen die Pommern unter Herzog Kasimir) fuhr Waldemar nach Strela und *„hatte dort eine Besprechung mit seinem Kriegsvolk“* und bestimmte (nach /22/) seinen damals einjährigen Sohn zu seinem Nachfolger.
Auch im Frühjahr 1165 steuerte König Waldemar nach Strela (nach /22/) und verheerte beim 7. Wendenzug Westrügen und die Gegend um Garz. Bei diesem Kriegszug diente Strela mehrfach als Versammlungs- und Rastort.
In den alten Sagas (siehe /22/) wird über den 9. Wendenzug im März 1166 berichtet: *„In einem Winter um die Fasten fuhren Herzog Christopher und Bischof Absalon nach Svölder und verbrannten dort alles Land bis nach Tribsees.“ „Da lagen sie zwanzig Tage im Flusse Svölder* (Strelasund) *windfest bei großem Unwetter und bekamen dann Fahrwind und fuhren heim.“*
Auch beim 14. Wendenzug Waldemars von Dänemark nach Tribsees im Mai 1171 diente Strela (nach /22/) als Ausgangspunkt.
Im Bericht der Knytlinga-Saga über den 20. Wendenzug der Dänen unter König Knut VI. im Herbst 1184 wird erwähnt, dass die Schiffe bei Strela lagen, als die Dänen nach Tribsees zogen (nach Goldmann/ Wermusch /25/ und /22/).
Über ein anderes Ereignis, dass die damalige Bedeutung von Stralow / Strela hervorhebt, berichten u. a. Bollnow /26/ und Goldmann / Wermusch /24/ auf der Grundlage der Berichte des Saxo Grammaticus /25/ und der Knytlingasaga: 1129 oder 1130 zog der dänische König Niels nach Pommern, belagerte den Ort Usedom und erzwang schwere Tributzahlungen. Mit der Tochter des polnischen Herzogs Boleslaw III. als Braut für seinen Sohn Magnus trat Niels die Heimreise an. Um günstigere Bedingungen für sein Land auszuhandeln, reiste der Pommernfürst Wartislaw dem König Niels hinterher. Auf dem Schiff des Dänenkönigs, das bei Strela lag, fanden die Verhandlungen zwischen Niels, seinem Neffen Knud Laward (damals König der Obotriten) und Wartislaw statt, die allerdings für den Pommernfürsten keinen Erfolg brachten.
Im Jahre 1165 schlossen der Dänenkönig Waldemar I. und der Rügenfürst Tetzlaff auf der Insel Strela einen Friedensvertrag (nach Konrad Fritze /23/). Siehe auch Saxo Grammaticus /25/.

Saxo Grammaticus schreibt, dass die Slawen im Jahre 1171 im „portus swaldensis“ eine Flotte zusammenzogen, um nach Dänemark zu segeln /25/. Für diesen Hafen kommen die Wamper Wiek, die Melow und die Gustower Wiek in Frage.
Aus den vorstehenden Berichten ergibt sich, dass der Ort Svoln / Strela wegen seiner strategisch und navigatorisch günstigen Lage bereits vor dem Jahr 1000 in Nordeuropa bekannt und besonders im 12. Jahrhundert der wichtigste Hafenort am Strelasund und am Greifswalder Bodden war. Wahrscheinlich hat Strela etwa zu Beginn des 12. Jahrhunderts die Rolle von Vineta als wichtigster Handelsort im Fürstentum Rügen und im westlichen Teil des Herzogtums Pommern übernommen. Es scheint so, dass die Funktion Strelas als Hafen, Fährort, Handelszentrum und Treffpunkt im Slawenland auch für die Dänen (Wikinger) wichtig war und dass sie deshalb Strela bei ihren vielen Kriegszügen nicht angegriffen haben.

Von Devin aus gab es offenbar auch einen Landweg über Ahrendsee, Grimmen und Loitz nach Demmin. Demmin war in der Slawenzeit eine sehr bedeutende Handelssiedlung mit einer Burg an der Einmündung der Trebel und der Tollense in die Peene.
Außerdem kann vermutet werden, dass der Fernhandelsweg von Rostock über Marlow, Pütte nach Vineta (m. E. nördlich von Lubmin, im Greifswalder Bodden versunken; siehe Kapitel „Lage und Entwicklung des Landes und der Stadt Vineta“) über Voigdehagen und Ahrendsee führte und damit den Bereich Devin/Brandshagen berührte. Bei Ahrendsee soll nach /28/ zur Zeit der Rügenfürsten eine Zollstelle gewesen sein.
Auf der Rügener Seite führten die wichtigsten Landwege von Stralow

- nach Arkona (Jaromarsburg) über Götemitz, Landow, Gingst, Wittower oder Kamminer Fähre, Wiek, Altenkirchen,
- nach Ralswiek über Gustow, Garz, Bergen (Rugard),
- nach Ruschwitz (an der Nordküste von Jasmund) über Garz, Vilmnitz, Zirkow, Schmale Heide, Sagard.

An der Darstellung der wichtigsten Landwege in der Karte „NOVA FAMIGERABILIS INSULAE AC DUCATUS RUGIAE“ von Eilhard Lubin, Amsterdam 1608, (siehe /29/) ist zu erkennen, dass sich mit der Verlagerung der Fährverbindung von Devin / Stralow (Drigge) nach Stralsund / Altefähr und mit der Zerstörung des Handelszentrums Ralswiek das Wegenetz im südlichen Rügen zum Teil veränderte.

Noch bis zur Mitte des 20. Jahrhunderts war an der Trassenführung der Landstraße von Altefähr nach Gustow zu erkennen, dass ehemals der Weg von Drigge nach Gustow wichtiger war als der Weg von Altefähr nach Gustow, der bei einem noch heute erkennbaren Burgberg (Krähenberg, früher Bakenberg genannt) in den Weg von Drigge einmündete. Gustow war das der Insel bzw. dem Ort Stralow nächstgelegene Dorf auf Rügen. Es kann angenommen werden, dass vom Festland nach Rügen Reisende manchmal den Fährort Stralow umfahren haben und in Gustow, das eine schiffbare Verbindung zur Gustower Wiek hatte, gelandet sind. Man kann den Ortsnamen „Gustow" nach dem slawischen Ursprung als „Gästeort" deuten. Siehe auch die ehemaligen Fährorte Gustebin an der Ziese und Güstebiese / Gosdowice an der Oder.

Sehr wesentlich für die Bedeutung eines Fährortes im Bereich Devin ist die Erkenntnis, dass dieser Raum durch einen Wasserweg über Bäche mit dem Krummenhagener See und von dort aus sowohl über den Borgwallsee und die Barthe mit Barth als auch über Bäche mit einem See zwischen Richtenberg und Franzburg und von dort über die Blinde Trebel mit Tribsees verbunden war.

Der Nachbau eines in Ralswiek gefundenen Slawenbootes, das Boot von Groß Raden /4/, zeigen, dass für den Bootsverkehr vor 1000 Jahren auch Gewässer mit geringer Tiefe und Breite genutzt werden konnten.

Auf die ehemalige Funktion von Devin als Fährort weist auch der Ortsname hin, der als „Mädchenort" gedeutet wird; an verkehrsgünstigen Orten, die von vielen Männern besucht wurden, hielten sich mehr junge Frauen auf als andernorts. Dass der Ort als „Tyuin" erstmals im Pommerschen Urkundenbuch im Jahr 1240 erwähnt wird (Urkunde zur Verleihung des Stadtrechts und zu den Besitzungen der „nouve civitati in Stralesund"; PUB I Nr.375) ist kein Beleg gegen die Vermutung, dass Devin wahrscheinlich bereits im 8. Janrhundert als Fährort genutzt wurde.

Auf einem Hügel nördlich der Mündung des Deviner Bachs in den Strelasund (im heutigen Park Devin, zwischen dem ehemaligen Kurhaus und dem Steilhang am Bach) lag ein Burgwall, dessen Lage und Ausdehnung vom Wünschelrutengänger Hans-Peter Nehmzow nachgewiesen wurde. Einen Hinweis auf eine fürstliche Burg enthält eine Urkunde vom 2.3.1314 (PUB V Nr.2882), die vom Rügenfürsten Wizlaw III. „in curia Thevin" ausgestellt wurde. Von dieser Burg konnte der Fährort Devin überwacht und geschützt werden.

Da der Hafenort Stralow/Svold mindestens seit der Seeschlacht bei Svold im Jahre 1000 in Skandinavien bekannt war, werden bereits im 11. Jahrhundert wikingische Kaufleute in dem slawischen Hafen- und Fährort gelebt haben, wie auch die Berichte über den Handelsplatz Ralswiek nahelegen. Weil seit der Einnahme der Jaromarsburg (Arkona) der Rügenfürst ein Vasall des Dänenkönigs war, genossen die skandinavischen Händler auf Rügen ausreichenden Schutz.

Es kann angenommen werden, dass sich in oder bei dem slawischen Hafenort Stralow auf der Insel Stralow eventuell schon vor dem 12. Jahrhundert deutsche Kaufleute ansiedelten (eine ähnliche Entwicklung wie bei dem Handelsort Vineta). Als Beleg dafür, dass in der 1. Hälfte des 12. Jahrhunderts deutsche Kaufleute in Strale wohnten, kann man die Mitteilung von Klaus Goldmann und Günter Wermusch /24/ ansehen: Sie zitieren aus dem Codex Oldenburgensis, dass im Jahre 1158 *„Cord Strale van Wineta in Luebek gekamen"* in den Rat der Stadt Lübeck gewählt wurde. Dieser Cord stammte wahrscheinlich aus Strale oder Stralow, hatte wohl einige Jahre als Kaufmann in Vineta gelebt und war dann nach der Zerstörung Vinetas (wahrscheinlich 1143) nach Lübeck gezogen; dort wird er einige Zeit erfolgreich gewirkt haben, bevor er in den Stadtrat gewählt wurde.

Das Entstehungsjahr der Stadt Stralsund bzw. des Vorläufers Stralow wird in alten Chroniken mit 1209, 1210, 1211 oder 1230 angegeben, schreibt Konrad Fritze /23/; daher seien die alten Chronisten unglaubwürdig. Aber wenn man die alten Berichte im Zusammenhang liest, ergibt sich ein logischer Ablauf des Aufbaus von Stralow: Daniel Cramer /30/ schreibt, dass Fürst Jaromar I. von Rügen mit Hilfe des Königs von Dänemark die Stadt Stralsund im Jahre 1209 *„aufgelegt und zu bawen angefangen"* und dass Fürst Witzlaw I. Stralsund im Jahre 1230 vollendet hat. Johann Micraelius berichtet /31/: *„Endlich da Jaromarus merckte, dass den Nachbarn, mit welchen seine Rugianer viel zu schaffen hatten, nicht besser konnte Widerstand gethan werden, als wenn Sund aufs neue befestigt, und mit einer Mauer umzogen, und mit Sächsischem Rechte beleget würde."* Weiter berichtet Micraelius /31/: *„Ein ebenmäßiges ist von Fürst Jaromar geschehen, der auch den Sachsen sein Land auf besagte Weise einräumte, worüber die Stadt Bergen und folgendes Jahr 1209 die Stadt Stralsund, so nach Cranzii* (Albert Krantz um 1448 – 1517, Jurist, Diplomat, Geschichtsschreiber, Autor der Chronik „Wandalia") *Meynung ihren Namen von der Insul Strela haben soll, ... erbauet ist. Diesen Bau der Stadt Stralsund haben beyde junge Pommerische Herren* (wahrscheinlich die damals regierenden Herzöge Bogislaw II. von Pommern-Stettin und Kasimir II.

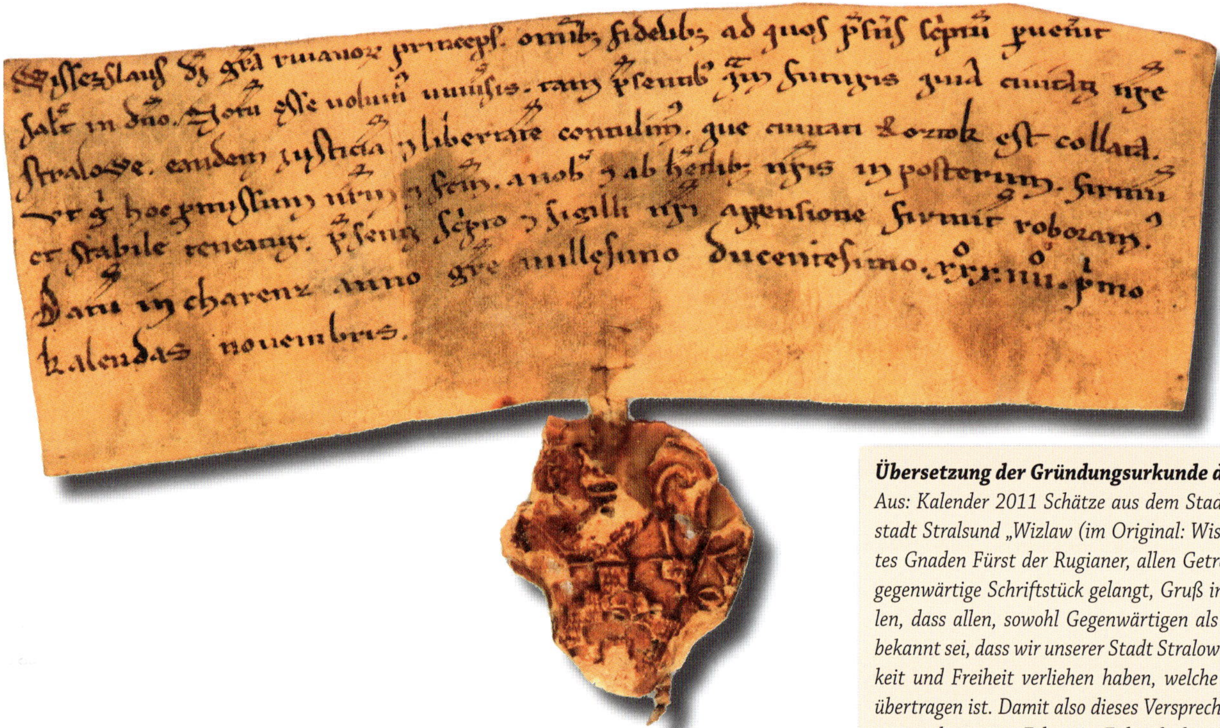

Übersetzung der Gründungsurkunde der Stadt Stralow

Aus: Kalender 2011 Schätze aus dem Stadtarchiv der Hansestadt Stralsund „Wizlaw (im Original: Wissezslaus), von Gottes Gnaden Fürst der Rugianer, allen Getreuen, zu denen das gegenwärtige Schriftstück gelangt, Gruß im Herren. Wir wollen, dass allen, sowohl Gegenwärtigen als auch Zukünftigen, bekannt sei, dass wir unserer Stadt Stralow dieselbe Gerechtigkeit und Freiheit verliehen haben, welche der Stadt Rostock übertragen ist. Damit also dieses Versprechen und Vollzug von uns und unseren Erben in Zukunft fest und unverbrüchlich gehalten werde, bestätigen wir es fest durch gegenwärtiges Schreiben und durch Anhängen unseres Siegels. Gegeben zu Charentz im Jahre der Gnade 1234, am 31. Oktober.“

von Pommern-Demmin) *als nachtheilig angezogen, und deswegen, ehe sie mit Graben befestiget worden, solch Werk zu verhindern, sie das dritte Jahr hernach (1212), als sie angeleget ist, angefallen, die Häuser drinnen, und die Thore verbrannt, und viele Leute erschlagen und gefangen." ... „Hat der Fürst von Rügen .... Und hernach unverhindert den Bau der Stadt Stralsund fortgesetzet. Welcher endlich im 21. Jahr* (1230), *nach dem er erstlich angefangen, von Witzlaff Fürst Jaromari Sohn, ist vollendet worden."* Aus dem Fährort entwickelte sich der bedeutende Handelsort Stralow, dem im Jahre 1234 vom Rügenfürsten Wizlaw I. das Stadtrecht verliehen wurde (erste urkundliche Erwähnung von Stralow). Damit war Stralow der erste Ort mit Stadtrecht im heutigen Vorpommern. Ein wesentlicher Grund für die schnelle Entwicklung von Stralow war der Handel mit Heringen, die im Greifswalder Bodden und im Strelasund in großen Mengen gefangen wurden. Vielleicht gab es auch einen bedeutenden Getreidehandel, da Daniel Cramer /30/ berichtet, dass die Insel Rügen die Kornkammer von Stralsund war.

Mit vorstehender Darstellung ist klargestellt, dass die Geschichte Stralsunds nicht mit dem Datum der Verleihung der Stadtrechte an Stralow im Jahre 1234 beginnt. Schon Johannes Bugenhagen /32/ hatte sich in seinem 1517/1518 verfassten Geschichtswerk „Pomerania" gewundert, dass das reiche, volkreiche Stralsund erst 300 Jahre alt sein sollte.

Die Verlagerung der Stadt von der Insel Stralow (Halbinsel Drigge) zum heutigen Standort der Altstadt von Stralsund, wie in der Stadtrechtsverleihung an die Stadt Stralesunt im Jahre 1240 durch den Rügenfürsten bezeugt, kann folgende Gründe gehabt haben:

Die relativ große Insel Stralow ließ sich gegen die am Ende des 12. Jahrhunderts aufkommenden großen Flottenverbände, die hier von mehreren Seiten angreifen konnten, sehr schwer verteidigen. Der Inselkern, auf dem die Altstadt von Stralsund steht, ist wesentlich kleiner. Das umgebende Sumpf-und Teichland schützte vor Angriffen; die Verbindungen der später angestauten Teiche zum Strelasund wurde durch Pfahlreihen und Dämme für Schiffe unpassierbar gemacht. Außerdem war der Inselkern, auf dem die Stralsunder Altstadt steht, auch wegen seiner Geländehöhe und den Steilküsten, im Vergleich zu Stralow / Drigge, besser zu verteidigen.

Die Umsiedlung kann verursacht worden sein durch die Zerstörung von Stralow im Jahre 1238 durch die Lübecker, von

Staudeplan der Stadt Stralsund von 1647

vermutete Lage der Burg des Rügenfürsten am Katharinenberg

der alte Chroniken berichten, die aber von Historikern als nicht bewiesen angesehen wird (nach Konrad Fritze /23/). Die Ansiedlung von deutschen Kaufleuten und Handwerkern auf der Altstadtinsel wird wohl schon vor 1238 begonnen haben.

Auf dem Stralsunder Inselkern waren bereits Ansätze für eine Stadtgründung vorhanden. Aus Funden im Bereich des ehemaligen Ostufers des Inselkerns kann geschlossen werden, dass dort bereits seit dem 8. Jahrhundert eine slawische Siedlung, wahrscheinlich ein Fischerdorf, bestand (siehe /33/). Auch der für eine spätere Zeit bezeugte Stützpunkt des Landesfürsten am Nordwestufer der Altstadtinsel (Katharinenberg) wird bereits vor der deutschen Besiedelung als Burgwall vorhanden gewesen sein. Peter Herfert /34/ nimmt an, dass der Burgwall des Rügenfürsten auf der Südseite der Straße „Katharinenberg", gegenüber dem Katharinenkloster gelegen hat.

Schäfer, Igel und Schindler (siehe /35/) und andere Archäologen sagen aus, dass es keine archäologischen Funde gibt, die den Aufbau einer Stadt auf der Altstadtinsel vor 1235 bezeugen. Die von Schäfer beschriebenen Funde (Bauhölzer, die um 1235 geschlagen wurden) bei Ausgrabungen an der Mühlenstraße könnten auf ein slawisches Dorf zur landwirtschaftlichen Nutzung der Insel und zur Versorgung der Fürstenburg hindeuten oder aus der aufgegebenen Siedlung Stralow stammen. Eine Fähre zwischen dem Festland und der Insel verkehrte vermutlich im Bereich des Beginns der Mühlenstraße. Hier wird auch der Hafen gelegen haben, der in slawischer Zeit der Endpunkt des „Binnenschiffsverkehrs" über den Knieperteich, den Moorteich, die Bäche als Verbindung zum Pütter See und zum Borgwallsee mit Verbindungen zum Krummenhagener See und über die Barthe nach Barth sowie über die Route zur Trebel nach Tribsees und Demmin war. Andererseits ist es nach den topografischen Bedingungen auch denkbar, dass der ursprüngliche Hafen am Ufer im Bereich des späteren Kütertors gelegen hat; hier konnte die Anlegestelle besser von dem Burgwall auf dem Katharinenberg überwacht werden.

Wahrscheinlich ist, dass für die neuen größeren Handelsschiffe, die Koggen mit damals (um 1250) vermutlich mehr als 2 m Tiefgang, die flachen Ufergewässer der Insel Stralow nicht befahrbar waren und dass es deshalb günstiger war, an der vor der Hauptwindrichtung Südwest geschützten Ostküste des Stralsunder Inselkerns einen Hafen mit dem nötigen Tiefgang und mit Anlegestellen (Bollwerken) zu errichten. Bei der Wahl des Hafenstandortes war die Funktion des

Hansekogge aus dem 14. Jahrhundert. Ähnliche Schiffe waren zur Zeit der Stadtverleihung an Stralsund 1240 die modernsten und größten Handelsschiffe.

Fernhandels mit Koggen wichtiger geworden als die Fährverbindung mit Booten vom Festland nach Rügen. In der 2. Hälfte des 14. Jahrhunderts hatten die Hansekoggen nach den Informationen über die Nachbauten folgende Maße:
- „Hansekogge" Kiel: 23,7 m lang, 7,8 m breit, 2,2 m Tiefgang, 190 m^2 Segelfläche;
- „Wissemara" Wismar: 31,5 m lang, 8,50 m breit, 2,6 m Tiefgang, 276 m^2 Segelfläche.

Man kann annehmen, dass die Lage der neuen Handelsstadt mit mehreren Brücken- oder Dammverbindungen zum Festland für den Handelsverkehr günstiger war, als die Lage auf der Insel Stralow (Drigge) mit nur einer Landverbindung (Damm oder Brücke) zur Insel Rügen.

In der Urkunde von 1240 zur Stadtrechtsverleihung schenkte Fürst Wizlaw I. die Insel Strale der Stadt Stralesund; damit konnte die aufstrebende Handelsstadt dafür sorgen, dass auf der Insel Strale kein Konkurrenzstandort verblieb oder erneuert wurde und dass brauchbare Reste der Siedlung Stralow, z. B. Baumaterial, im Besitz der Stralsunder Bürger oder der Stadt verblieben.

Laut einer Urkunde vom 14.08.1256 (siehe PUB II, Nr. 625) übertrugen Rat und Bürgerschaft von Stralesund dem Heilgeist-Hospital das Eigentum an einer *„Insel oder Acker bei der neuen Stadt"*. Vermutlich handelt es sich hier um die Insel Strale gegenüber der neuen Stadt Schadegard auf der Halbinsel bei Devin. In der Beschreibung zur schwedischen Landesaufnahme um 1700 wird die Gemarkung Drigge (also die ehemalige Insel Stralow) als altes Stralsunder Gut (Band 15, S. 61) bezeichnet. In diesem Zusammenhang wird auch zum ersten Mal eine genaue Karte der Halbinsel Drigge („Gustow Wamper Fähr und Drigge auf Rügen" Karte DI 18 in der Internet-Darstellung der Universität Greifswald, www.dhm.uni-greifswald.de) hergestellt.

Da der Ort Stralow auf der Insel Strale verschwand, wird auch der Name des Ortes und der Insel nicht mehr erwähnt (außer in der Urkunde vom 4.4.1291, siehe unten). Aus der Insel Strale wurde die Halbinsel Drigge. Vielleicht kann man „Drigge" von dem niederdeutschen Wort „dröge" für „trocken" ableiten; eventuell hat der Mangel an gutem Trinkwasser zur Entscheidung für die Verlegung der Stadt beigetragen. Der Name „Drigge" wird nach meiner Kenntnis zum ersten Mal 1314 erwähnt (PUB V, Nr. 2918; Liste der Orte, aus denen Steuern eingezogen wurden) und 1318 „Drygghe" geschrieben.

Für die Verlegung einer Stadt aus strategischen und verkehrstechnischen Gründen gibt es auch ein anderes Beispiel: Die urkundlich seit dem 11. Jahrhundert genannte Siedlung Lübeck (jetzt als Alt-Lübeck bezeichnet) bei einem slawischen Burgwall an der Einmündung der Schwartau in die Trave wurde im Jahre 1138 zerstört; die Neugründung von Lübeck erfolgte 1143 bei einer deutschen Burg an der Einmündung der Wakenitz in die Trave in einer Entfernung von ca. 3 km Luftlinie zum ursprünglichen Siedlungsstandort.

Auch andere mittelalterliche Hafenstädte haben sich nach der Zerstörung slawischer oder wikingischer Handelsorte in deren Nähe entwickelt: Haithabu (vor 750 bis etwa 1050) – Schleswig (1196 erstmals als Stadt erwähnt), Reric (bei Gr. Strömkendorf, 808 zerstört) – Wismar (städtischer Verband 1229 belegt), Primelberg bei Dierkow (nach /36/ 8. – 12. Jh.) – Rostock (1170 erste Erwähnung einer Burg, um 1200 Entstehung einer deutschen Stadt, 1218 Bestätigung des Stadtrechts), Eldena (m. E. in slawischer Zeit Hafen und Salzgewinnungsort, 1199 Gründung des Klosters) – Greifswald (1241 Ersterwähnung als Markt des Klosters Eldena, 1250 Stadtrecht), Groswin (an der Peene zwischen Anklam und Stolpe, Hauptburg des Landes Groswin, 946 erstmals erwähnt, 1183 zerstört, 1234 noch als Burg erwähnt) / Görkeburg am Stegebach – Anklam (1243 erstmals urkundlich erwähnt; 1247 Stadt genannt).

In der Urkunde von 1240 bestätigte der Fürst von Rügen den Verkauf des „alten Fährdorfes“ für 90 Mark rügenscher Münze an Stralsund (nach /37/). Entgegen bisherigen Vermutungen kann angenommen werden, dass mit diesem Dorf nicht das Dorf Altefähr auf Rügen, sondern das alte Fährdorf Devin gemeint ist; dadurch hatte die Stadt Stralsund außer der Insel Strale auch den festländischen Teil der alten Fährverbindung in ihrem Besitz. Auch Joachim Wächter /38/ geht davon aus, dass die Fährverbindung über den Strelasund nach Altefähr erst mit der Gründung der Stadt Stralsund auf der Altstadt-Insel eingerichtet wurde und dass das in der o. g. Urkunde von 1240 genannte alte Fährdorf ein festländisches Nachbardorf von Stralsund war. Das Dorf Devin war nach bisherigen Erkenntnissen um 1200 der Stralsund am nächsten gelegene Ort am Strelasund, der für eine Fährverbindung geeignet war. Die Fährverbindung von Stralsund nach Altefähr wurde am 26.11.1325 durch den Pommernherzog Wartislaw IV. urkundlich bestätigt.

In zwei Urkunden vom 4.4.1291 (siehe PUB III, Nr. 1577 und 1578), ausgestellt in „Stralessund", bestätigt Wizlaw II., Fürst zu Rügen, sowohl die Rechte „ciuitati Stralowe" mit der Wiederholung des Wortlauts der Urkunde vom 31.10.1234 als auch der Stadt „Stralessund" mit dem Zitat der Urkunde vom 25.2.1240. Es ist nicht eindeutig zu klären, ob im Jahre 1291 die Stadt Stralow noch fortbestand neben der Stadt Stralsund, obwohl die Insel Strale bereits 1240 der Stadt Stralsund gehörte, oder ob die Urkunde von 1234 zu Stralow noch rechtliche Bedeutung für die Nachfolge-Stadt Stralsund hatte.
In der o. g. Urkunde von 1291 über die Rechte der „ciuitati Stralowe" wird Stralow offenbar letztmalig erwähnt.

In einer Urkunde vom 01.03.1314 (siehe PUB V Nr.2880) bestätigt Fürst Wizlaw III. von Rügen seiner Stadt Stralsund ihre Rechte und ihre Grenzen. Die Landgrenze verlief an den Grenzen von Voigdehagen, Lüdershagen, Vogelsang, Lüssow, Langendorf, Garbodenhagen, Kedingshagen bis an *„dat solte water"* (Ufer des Strelasunds).

Älteste Stralsunder Stadtsiegel an Urkunden von 1265 und 1278
nach: Herbert Ewe, Stralsund, die Stadt am Meer, Hinstorff Verlag, Rostock,
Zeichnung: Gerda Nützmann

Die Fischereigrenzen auf den Boddengewässern werden wie folgt beschrieben: Von der o. g. Landgrenze am Ufer *„des solten waters"* zur *„nyen Owe"* (niederdeutsch für „neuer Fluss"), heute „Aue / Barther Zufahrt" genannt; in der Stadtrechtsurkunde von 1240 *„noua Reke"*, slawisch für „neuer Fluss", genannt; wahrscheinlich ist die Mündung der Barther Boddengewässer bei Barhöft erst infolge einer Sturmflut um 1180 entstanden), zum *„ende des Yelandes"* (Gellen, Südteil der Insel Hiddensee), zum *„ende to Umanz"*, nach Bessin, zum *„beke Brezenitz"* (Bach Proßnitz?), *„mit der see to Tevin mit deme Deneholme, weder vort bet to der nyen Owe"*. Hier wird zum ersten Mal der Dänholm als zu Stralsund gehörend erwähnt. Wahrscheinlich konnte der Rügenfürst erst in dieser Urkunde über den Dänholm verfügen, da Wizlaw I. 1282 das Fürstentum Rügen von Kaiser Rudolf von Habsburg als Lehen empfing und damit die dänische Oberhoheit endete.

Die ältesten Stadtsiegel von Stralessunt aus dem 13. Jahrhundert zeigen (nach Herbert Ewe /39/) eine Kogge, eine Pfeilspitze (Strahl) und zwei Fische. Die Kogge kann als Symbol für eine bedeutende Hafen- und Handelsstadt gedeutet werden, die von den größten und modernsten Schiffen der damaligen Zeit angesteuert werden konnte. Die Pfeilspitze weist auf den alten Bestandteil des Stadtnamens hin. Die Fische können als Zeichen für die damalige wesentliche Grundlage des Handels gedeutet werden.
Im Jahre 1273 veröffentlichte Abraham von Kresces eine Karte, in der an der südlichen Ostseeküste die Städte Wismar, Rostock, Ludis magna und Greifswald genannt werden. /27/
Der „ATLAS CATALAN" von Abraham Cresques y Jafuda Cresques aus dem Jahre 1375 (als Kopie zu sehen im Kolumbushaus in Las Palmas auf Gran Canaria), der die damals bekannte Welt darstellt, nennt an der Ostseeküste zwischen *„rostoch"* und *„Griswald"* die Stadt *„Ludismagna"*; d. h., die Stadt Stralsund könnte damals als „Großstadt" („volkreich") bezeichnet worden sein.
Die Bezeichnung *„sund magna."* ist auf der Nordeuropakarte von 1467 aus dem Codex Zamoyskianus latinus enthalten.
Auf der „Carta Itineraria Evropae" von Martin Waldseemüller, Straßburg 1520, wird die Stadt Stralsund als *„ludis magna Sund"* bezeichnet. /40/

Auf den meisten älteren Karten (ab 1491) wird die Stadt Stralsund als „Sund" (seltener als „Sundis") bezeichnet /40/ :

- Nicolaus von Cues (Cusanus), Mitteleuropakarte, Eichstädt 1491 (Staatsbibliothek zu Berlin) weist zwischen *„ROSTOCK"* und *„GRIPESBALD"* die Stadt *„SUNDIS"* aus;
- Erhard Etzlaub, Das ist der Rom-Weg ...., Nürnberg um 1500;
- Erhard Etzlaub, Das seyn dy lantstrassen durch das Romisch reych ...., Nürnberg 1501;
- Georg Erlinger, Das heilig Römisch reich mit allen Landtstrassen ...., Augsburg 1515;
- Martin Waldmüller, Weltkarte, 1516 (ebenfalls im Kolumbushaus zu sehen);
- Sebastian Münster, Manuskriptkarte von Europa aus dem handschriftlichen Kollegienbuch, Tübingen 1515 – 1518;
- Georg Erlinger, Gelegenheit Teutscher Lanndt ..., Bamberg 1524;
- Sebastian Münster, Landtafel Teütscher Nation, Oppenheim 1525;
- Jé rôme de Gourmont, Universae Germaniae Descripto, Paris zwischen 1530 und 1545;
- Sebastian Münster, Nordlandkarte, 1544 (mit der Bezeichnung „Sont").

Bei einer auf der Halbinsel bei Devin gelegenen Burg hat sich wahrscheinlich die Stadt Schadegard entwickelt. Der Name „Schadegard" wird von Teodolius Witkowski /8/ als *„graue Stadt"*, *„graue Burg"* oder als *„kleine Stadt"*, *„kleine Burg"* gedeutet. Die Deutung als *„Wachposten"*, *„Wartburg"* wird verworfen.

Dass Schadegard nicht auf der Stralsunder Altstadtinsel lag, hat Hansdieter Berlekamp /10/ bereits 1964 überzeugend nachgewiesen. U. a. schreibt er: *„Für Schadegard kommt deshalb nur eine Stelle mit Hafenmöglichkeit an einer nach Rügen führenden Fähre in Frage. ... Es bleiben deshalb nur das Gebiet um die Fähre Devin bzw. Brandshagen – Prosnitz oder ein Standort nördlich der Stralsunder Altstadt"*.

Die Burg wird wahrscheinlich auf dem Schalksberg, der heute eine Höhe von 22,3 m über HN hat, gelegen haben. Der Schalksberg ist die höchste Erhebung am Strelasund. Neben dem Schalksberg gibt es auf der Halbinsel bei Devin mehrere Hügel mit mehr als 15 m Höhe. Außer der Halbinsel Wampen (bei Drigge) mit Höhen von 15 m bis 19,5 m erreichten die strategisch wichtigen Hügel am Strelasund, die spätestens in der Schwedenzeit befestigt wurden (Stralsunder

Blick von Devin auf den Bakenberg und den Schalksberg. Hier lag die Burg Schadegard. Foto: Ulf-Peter Schwarz

Altstadthügel, Schwedenschanze nördlich der Altstadt, Schanze bei Altefähr, Insel Dänholm) und die Halbinsel Drigge nur Höhen bis zu 12 m. Vom Schalksberg aus konnte der Schiffsverkehr auf dem Strelasund sowohl nördlich als auch südlich der Insel Stralow (später Halbinsel Drigge) einschließlich des Fährverkehrs vom Festland zur Insel Rügen kontrolliert werden. Wegen dieser strategischen Bedeutung wird die Burg Schadegard bereits vor 1200 erbaut worden sein. Es ist anzunehmen, dass sich eine Handelssiedlung bei der Burg Schadegard nach dem Umzug der Kaufleute und Handwerker von Stralow (Drigge) nach Stralsund (eventuell bereits vorher) als Konkurrenz zum Handelsort Stralsund entwickelte. In einer Urkunde der Stadt Stralsund von 1256 (PUB II, Nr.625) wird von einer Insel bzw. von einem Acker (wahrscheinlich Stralow) bei der neuen Stadt (wahrscheinlich Schadegard) gesprochen. In einer Urkunde aus dem Jahre 1269 gibt der Rügenfürst Wizlaw II. bekannt, dass er sich entschlossen habe, *„zum besseren Gedeihen und künftigen Nutzen seiner geliebten Bürger zu Stralsund seine neue Stadt Schadegard gänzlich aufzuheben und sie später an geeigneter Stelle wiederaufzubauen“* (nach /23/). Damit endet die Bedeutung von Schadegard als Handelsort.

Eine Notiz von 1271 im Stralsunder Stadtbuch vermerkt, dass der ehemalige Schadegarder Friedhof von der Stadt Stralsund an einen stralsundischen Gärtner verpachtet wurde. Ob der ehemalige Friedhof von Schadegard mit dem „Kirken Schlag“ identisch ist, der im Kommentar zur Schwedischen Matrikelkarte von Vorpommern im Zusammenhang mit Devin (siehe /28/) erwähnt wird, wird wohl kaum zu klären sein. In einer Urkunde des Rügenfürsten Wizlaw III. aus dem Jahre 1321 wird Devin zu den Dörfern gezählt, in denen der Rat der Stadt Stralsund nach lübischem Recht richten durfte (nach /28/).

Die Fährverbindung von Devin nach Stralow wurde auf die Route Neuhof (oder Niederhof) – Prosnitz verlegt; diese Annahme stützt sich auf die Mitteilung von Fritz Curschmann /28/, dass die Herren von Putbus (eine Nebenlinie des Rügischen Fürstenhauses) im Jahre 1339 die Fähre zu Brandshagen an die Stadt Stralsund verkauften. Ernst Gronow /41/ erwähnt, dass die Glewitzer Fähre (Fährverbindung Stahlbrode – Glewitz) 1339 bzw. 1401 von den Pommernherzögen an die Stadt Stralsund verkauft wurde. Damit kontrollierte Stralsund im Mittelalter alle Fährverbindungen über den Strelasund (Stralsund – Altefähr, Stralsund – Grahler Fähre, Neuhof / Niederhof – Prosnitz, Stahlbrode – Glewitz). Nach dem Verlust der Funktion als Fährort entwickelte sich Devin zu einem Bauerndorf. Aus dem Kommentar zur entsprechenden Schwedischen Matrikelkarte (siehe /28/) geht hervor, dass es in Devin vor dem Dreißigjährigen Krieg mindestens 13 Bauernhöfe gab und dass Devin zum Einzugsbereich der Kirche in Voigdehagen gehörte.

Versuch einer Rekonstruktion des Siedlungskomplexes Stralow (Bereich der Halbinsel Drigge)
(siehe Karte „Rekonstruktion der Insel Stralow")

An der mit 13,8 m höchsten Stelle der ehemaligen Insel Stralow oder Strela, auf dem Fuchsberg gegenüber von Devin, wird ein Burgwall als Beobachtungs- und Verteidigungsanlage gelegen haben.
Ob die wahrscheinlich aus der Schwedenzeit stammende „Ortsschanze" am „Drigger Ort" (siehe Topographische Karte 1:10.000), der Nordspitze der Insel Stralow, bereits einen Vorgänger aus der Slawenzeit hatte, könnte vielleicht durch archäologische Grabungen ermittelt werden.
Der Fährort bzw. die 1234 mit Stadtrecht bewidmete Handelssiedlung Stralow hat an der Stelle der heutigen Ferienhaussiedlung Drigge und auf Teilen der nördlich und westlich angrenzenden Äcker glegen. Diese Aussage wird durch eine mit einer Wünschelrute durch Hans-Peter Nehmzow auf den Feldern ermittelte Walltrasse begründet, die den Ort im Osten (nahe der heutigen Bach-Verrohrung), im Norden (nahe der Grenze des heutigen Spülfeldes) und im Westen (nahe des Westrandes der Feriensiedlung) begrenzte. Für die Walltrasse wurden folgende Koordinaten im Gauß-Krüger-System ermittelt:

	nördlichster Punkt:	R 4575002, H 6019106;
	östlichster Punkt:	R 4576203, H 6019054;
	südlichster Punkt:	R 4575608, H 6018699;
	westlichster Punkt:	R 4575203, H 6012382.

Die Südseite des Ortes wurde durch das Steilufer geschützt. Eventuell gab es auf dem Steilufer einen niedrigen Wall als Brustwehr. Ob die auf dem Steilufer gelegene „Schwedenschanze" aus einer ehemaligen slawischen Küstenwallanlage entwickelt wurde, kann nur durch Grabungen erkundet werden. Die in den topografischen Karten als „Schwedenschanze" bezeichnete Verteidigungsanlage wird im Preußischen Urmeßtischblatt von 1835 nicht erwähnt; deshalb und aus der Beurteilung der Mauerwerksreste der ehemaligen Kasematten kann angenommen werden, dass diese Anlage erst zwischen 1835 und 1890 errichtet wurde. Bei der Begehung mit der Wünschelrute wurden in diesem Bereich zwei ehemalige Wallanlagen geortet: der Wall des slawischen Ortes Stralow und der Wall der preußischen Schanze.

Diese ehemalige Verteidigungsanlage zur Kontrolle und Sperrung des Strelasunds zeigt, dass das Gelände der früheren Insel Stralow auch noch im 19. Jahrhundert eine große strategische Bedeutung hatte.

Der Einschnitt am Hochufer an der Südküste der Insel ergab eine kleine, vor Stürmen geschützte Anlegestelle, die von den umgebenden Höhen aus gesichert werden konnte; hier wird die Fähre von Devin angelegt haben. Nach dem Bau der Befestigungsanlagen der Siedlung Stralow könnte die Fähranlage an die Furt / Brücke / Damm in die Nähe des dort zu vermutenden Tores verlegt worden sein. Der Handelshafen wird, wie die Berichte über die Seeschlacht bei Svold im Jahre 1000 und über die Sammlung der slawischen Flotte im „portus swaldensis" im Jahre 1171 nahelegen, in der Melow, d. h. an der Nordküste der Insel Stralow gelegen haben. Allerdings konnte der für die flach gehenden Boote der Slawen und Wikinger sehr geeignete Hafen zum Anlegen der deutschen Handelsschiffe der Hansezeit mit ihrem größeren Tiefgang nicht mehr genutzt werden.

Das von dem Wall und der Steilküste begrenzte Territorium hatte eine Fläche von ca. 18 ha; das ist etwa die Größe des ältesten Bereichs (um den Alten Markt) der mittelalterlichen Stadt auf dem Stralsunder Inselkern.

In den Ortsakten des Landesamtes für Kultur und Denkmalpflege werden Fundmeldungen dokumentiert, die beweisen, dass slawische Siedlungen an der Nordküste der Halbinsel Wampen, westlich der Stallanlage in Drigge, nördlich des Ferienhausgebiets Drigge, in Gustow und bei Prosnitz gelegen haben.

Der Weg von der Stadt Stralow nach Gustow, dem nächsten größeren, wahrscheinlich befestigten Ort auf der Insel Rügen, wurde durch Burgwälle gesichert:

- Wall südöstlich der Höhe 17,8 (siehe topographische Karte 1:10.000; im Preußischen Urmeßtischblatt dargestellt, aber nicht bezeichnet) am Südostende der Halbinsel Wampen; ob diese strategisch bedeutsame Anlage bereits aus der Slawenzeit oder erst aus der Schwedenzeit stammt, ist noch zu klären;
- Kulturdenkmal „Alte Schanze" (siehe topographische Karte 1:10.000) bzw. Dänenschanze (siehe Preußisches Urmeßtischblatt), sperrte den Höhenzug Wacken an der schmalen Stelle zwischen der Wamper Wiek und der Gustower Wiek; von dieser langgestreckten, von einem Graben umgebenen Schanze sind infolge der Sandgewinnung nur Reste der beiden Enden der Anlage zu erkennen; die im Vergleich zum slawischen Abschnittswall „Schanze" auf der Halb-

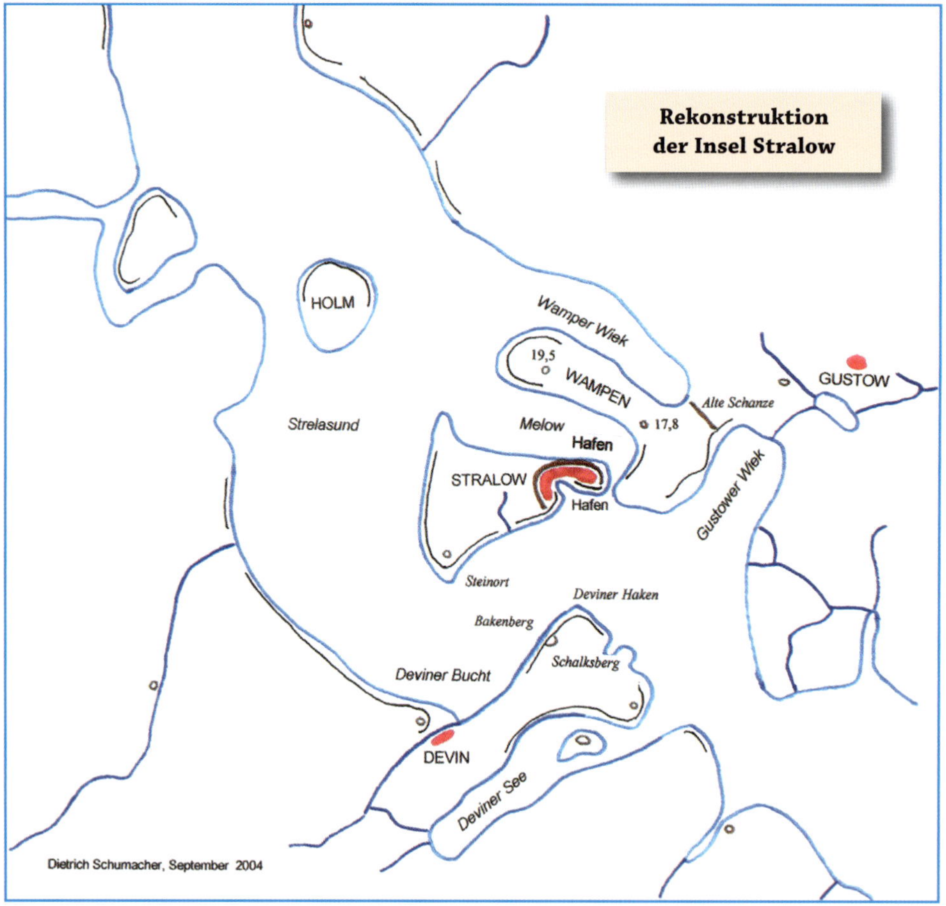
Rekonstruktion
der Insel Stralow
HOLM
Wamper Wiek
19,5
WAMPEN
GUSTOW
Alte Schanze
17,8
Strelasund
Melow
Hafen
STRALOW
Hafen
Gustower Wiek
Steinort
Deviner Haken
Bakenberg
Schalksberg
Deviner Bucht
DEVIN
Deviner See
Dietrich Schumacher, September 2004

insel Thießow bei Prora (einfacher Wall ohne Graben) relativ aufwendige Gestaltung der Anlage stammt wohl aus der Schwedenzeit; es kann nicht ausgeschlossen werden, dass diese Schanze aus einer slawischen Wallanlage entwickelt wurde;

- Burgwall „Krähenberg“ mit der Höhe 24,7 (siehe topographische Karte 1:10.000) bzw. „Bakenberg“ (siehe Preußisches Urmeßtischblatt) an der slawischen Handelsstraße von Stralow nach Gustow im Bereich der Einmündung der Straße von Altefähr und an einem Bachübergang; ein Wall ist nicht mehr zu erkennen; die Befestigungsanlage hat sehr steile und hohe Böschungen.

Die topografischen und die geologischen Bedingungen südlich des Ortes Gustow legt die Vermutung nahe, dass in der Slawenzeit kleine Boote bis an den Südrand des Dorfes gelangen konnten.

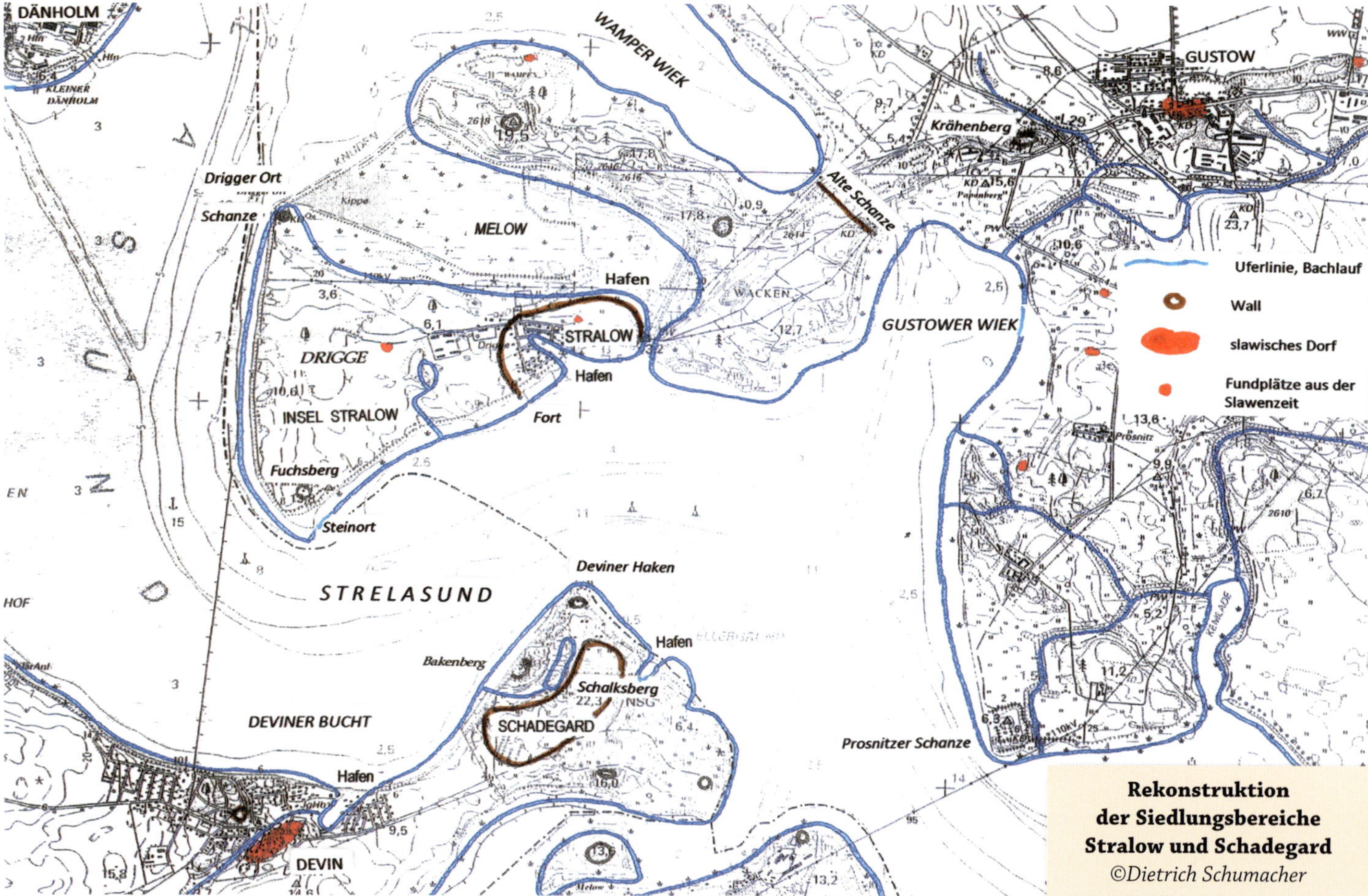

Rekonstruktion der Siedlungsbereiche Stralow und Schadegard
©Dietrich Schumacher

Versuch einer Rekonstruktion des Siedlungskomplexes Schadegard (Bereich der Halbinsel bei Devin)
(siehe Karte „Rekonstruktion der Siedlungsbereiche Stralow und Schadegard“)

Die wichtigste Verteidigungs- und Beobachtungsanlage wird auf dem höchsten Punkt, dem Schalksberg (22,3 m), gelegen haben.
Vom Schalksberg durch eine Senke getrennt, erhebt sich unmittelbar an der Westküste der Deviner Halbinsel der Bakenberg bis zu einer Höhe von 19,5 m.
Es kann angenommen werden, dass die „kleine graue Burg“ Schadegard auf dem Schalksberg gelegen hat. Nach den vom Verfasser veranlassten Untersuchungen mit der Wünschelrute durch Hans-Peter Nehmzow kann man davon ausgehen, dass sich die in der Urkunde von 1269 genannte neue Stadt Schadegard am Schalksberg entwickelt hat und folgende Grenzen hatte: im Nordwesten den Teich am Bakenberg, im Nordosten den Hang an der Boddenküste, im Südosten die prägnante Senke von der Boddenküste bis zum Ufer des Deviner Sees, im Südwesten das Ende des Höhenzuges (etwa 150 m von der Grenze des heutigen Naturschutzgebiets entfernt).
Als Anlegestellen boten sich die kleinen Buchten (Einschnitte im Hochufer) an der vor Westwinden geschützten Nordostküste und an der Südküste der Halbinsel an.
Als dem befestigten Ort Schadegard vorgelagerte Verteidigungsanlagen können entsprechend den topografischen Bedingungen außer dem Bakenberg folgende Standorte angenommen werden: der etwa 5 m hohe Hügel am Deviner Haken (Nordspitze der Halbinsel), der etwa 9 m hohe Hügel mit sehr steilen Böschungen an der Südostspitze der Halbinsel sowie der 16 m hohe Hügel an der Südküste der Halbinsel (gegenüber der ehemaligen Burgwallinsel im Deviner See).

Wo der Deviner Bach in die Deviner Bucht (Strelasund) einmündet, wird auch ein geschützter Hafen gelegen haben. Dieses ist m. E. der älteste Fährhafen am festländischen Ufer des Strelasunds.
Südlich des Hafens führte der Weg von Voigdehagen nach Schadegard über den Deviner Bach. An diesem Weg entwik-

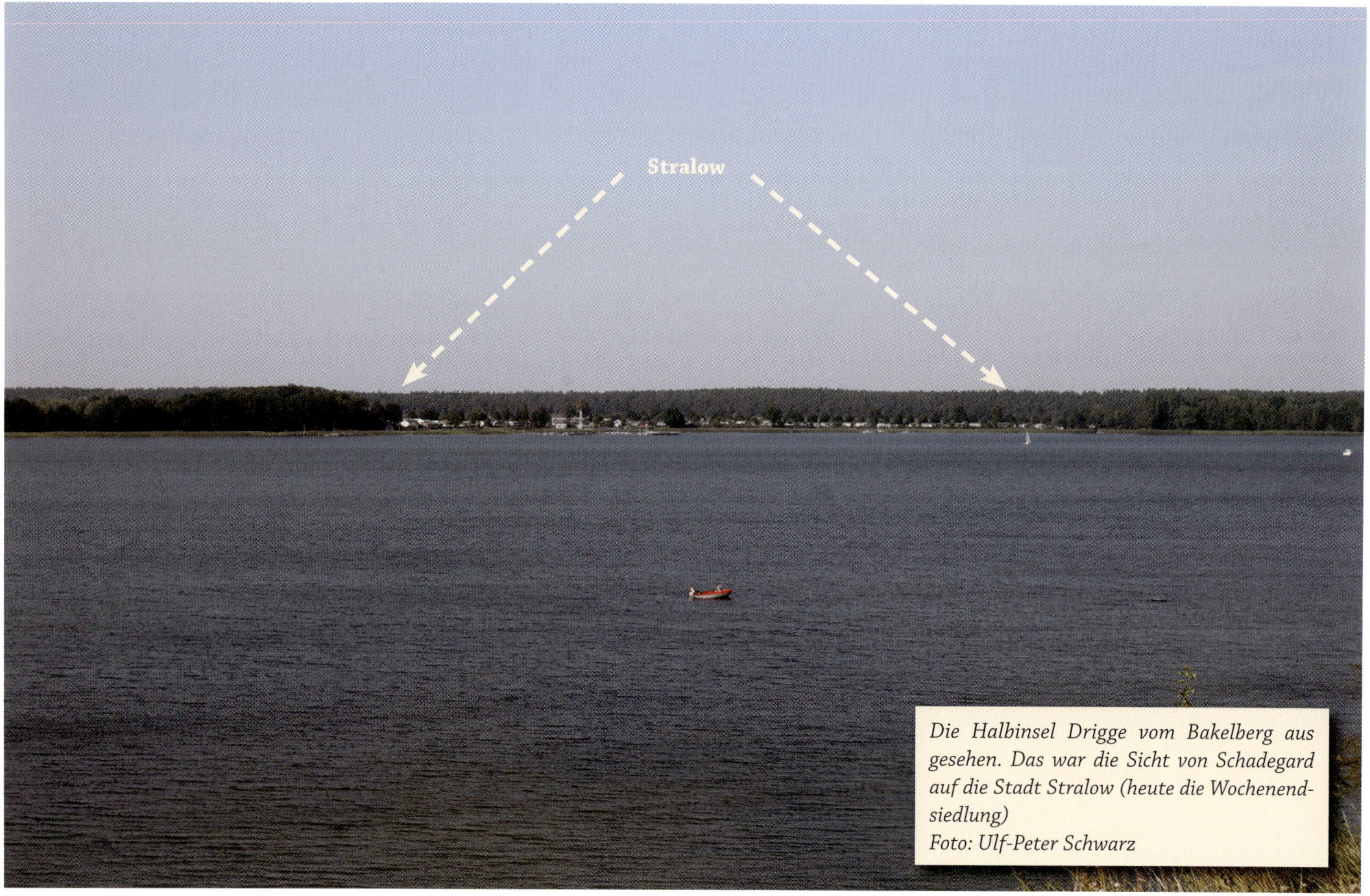

Die Halbinsel Drigge vom Bakelberg aus gesehen. Das war die Sicht von Schadegard auf die Stadt Stralow (heute die Wochenend-siedlung)
Foto: Ulf-Peter Schwarz

kelte sich auf einem Hügel östlich des Deviner Bachs, südlich des Hafens der Ort Devin, in dem Fährleute, Fischer und Bauern wohnten und wo die Kaufleute beherbergt wurden, die auf die Überfahrt zur Insel Rügen warteten. In diesem Bereich ist die Existenz einer jungslawischen Siedlung durch Funde nachgewiesen (siehe /33/). Slawische Besiedelung ist auch durch Funde an Standorten südlich des Dorfes, am Deviner Bach und in der Nähe der Höhe 12,9, bewiesen.
Der Übergang über den Bach wurde durch eine Burg über dem Westufer des Bachs (Bereich des heutigen Deviner Parks) geschützt; die Walltrasse konnte durch Hans-Peter Nehmzow mit der Wünschelrute nachgewiesen werden.
Der Deviner Bach bildete mit den Teichen, die er durchfloss, und mit dem Graben zum Südufer des Deviner Sees ein schiffbares Gewässer als Teil des Binnenwasserwegs nach Tribsees und Barth.
Außerdem waren diese Gewässer in Verbindung mit dem Deviner See und dem Strelasund Teile eines großräumigen Verteidigungssystems für den Siedlungskomplex Schadegard/Devin.
Außerhalb dieses von Gewässern gebildeten Ringes gab es weitere Schutzanlagen:

- einen (in der topografischen Karte und in /42/ genannten) Burgwall auf einer ehemaligen Insel (jetzt ein durch einen Graben und die Feuchtwiese Melow vom Festland getrennter Hügel mit einer Höhe bis zu 13,6 m HN) im Deviner See;
- eine von Fritz Curschmann /28/ erwähnte *„Alt Schanz“* von 1659/60, m. E. früher ein slawischer Burgwall, auf der Südostseite der Einmündung des Deviner Sees in den Strelasund, durch Errichtung und Betrieb einer Ziegelei verändertes Gelände, heute Marina Neuhof;
- eine von Fritz Curschmann /28/ erwähnte *„Witte Schantz“* von 1678, in der topographischen Karte als Kulturdenkmal gekennzeichneter Burgwall, an der Einmündung des von Brandshagen kommenden Bachs in den Strelasund, heute Park Niederhof.

Im weiteren Umkreis wurden die Handelswege nach Schadegard/Devin durch Burgen in Brandshagen (westlich und südlich der Kirche), in Engelswacht (ehemaliger Park), bei Wendorf und in Voigdehagen (Sitz des fürstlichen Vogts) kontrolliert und geschützt.

Literaturverzeichnis

/1/ Hans D. Knapp, Rügens Frühe Geschichte. Teil 1 von Rügens Geschichte von den Anfängen bis zur Gegenwart in fünf Teilen, herausgegeben von Fritz Petrick. rügendruck gmbh Putbus 2008

/2/ Heike Reimann, Fred Ruchhöft, Cornelia Willich, Rügen im Mittelalter / Eine Studie zur mittelalterlichen Besiedlung auf Rügen. Franz Steiner Verlag Stuttgart 2011

/3/ Johann Micraelius, Erstes Buch des Alten Pommernlandes. Druckerei und Verlag von Johann Kunckel, Stettin 1723

/4/ Jochen von Fircks, Der Nachbau eines altslawischen Bootes. Archäologisches Landesmuseum und Landesamt für Bodendenkmalpflege, Lübstorf 1999

/5/ Landesvermessungsamt Mecklenburg-Vorpommern, Preußisches Urmeßtischblatt im Maßstab 1:25000, Faksimile-Ausgabe der um 1835 hergestellten Karten. Schwerin. Abkürzung im Text: PUMB mit Nummer des Kartenblatts

/6/ Walter Schumacher, Flutkatastrophen an der deutschen Ostseeküste. Verlag Redieck & Schade, Rostock 2003

/7/ Manfred Niemeyer, Siedlungsnamen slawischer Herkunft auf Rügen. In: RUGIA Journal. Insula Rugia, Bergen 2002

/8/ Teodolius Witkowski, Strela – Stralow – Stralsund – Schadegard sprachlich. In: Greifswald-Stralsunder Jahrbuch 1964. Petermänken-Verlag, Schwerin 1964

/9/ Oswald Dreyer-Eimbcke, Geschichte und Geschichten der Kartographie von Mecklenburg-Vorpommern. KomRegis Verlag, Oldenburg 2008

/10/ Hansdieter Berlekamp, Probleme der Frühgeschichte Stralsunds. In: Greifswald-Stralsunder Jahrbuch 1964. Petermänken-Verlag, Schwerin 1964

/11/ Fr. L. B. von Medem (Herausgeber), Thomas Kanzows Chronik von Pommern in hochdeutscher Sprache. Aus der Handschrift des Verfassers. Verlag von W. Dietze, Anklam 1841

/12/ Snorris Königsbuch (Heimskringla). In: Thule, Altnordische Dichtung und Prosa, Zweite Reihe, 14. Band. Herausgegeben von Felix Niedner. Eugen Diederichs Verlag, Jena 1922

/13/ Adolf Zinzow, Vineta und Palnatoke, der nordische Tell. Pyritz 1870

/14/ Richard Hennig, Wo lag Vineta ?. Curt Rebitsch-Verlag, Leipzig 1935

/15/ Hans-Joachim Stoll, Die Seeschlacht bei der Insel „Svoldr“. In: RUGIA Journal, Jahrgang 2002, Insula Rugia, Neuendorf Verlag Neubrandenburg

/16/ Islands Besiedelung und älteste Geschichte. In: Thule, Altnordische Dichtung und Prosa, 23. Band. Herausgegeben von Felix Niedner. Eugen Diederichs Verlag, Jena 1928

/17/ Wolfgang Rittmeister, Die Schiffsfibel. L. Staackmann Verlag, Leipzig 1942

/18/ Lutz Mohr, Robert Liese, Wikinger zwischen Pommern und Polarkreis. Leo-Verlag, Horn – Bad Meinberg 1997

/19/ Walter Baetke, Das Svoldr-Problem. Berlin 1951

/20/ Erwin Aßmann, Die Schauplätze der dänisch-wendischen Kämpfe in den Gewässern von Rügen. In : Baltische Studien, N. F. 43, 1955

/21/ A. Haas, Beiträge zur Kenntnis der rügenschen Burgwälle. In: Baltische Studien, Herausgegeben von der Gesellschaft für Pommersche Geschichte und Altertumskunde. N.F. XIV, Stettin 1910

/22/ Die Geschichten von den Orkaden, Dänemark und der Jomsburg.
In: Thule, Altnordische Dichtung und Prosa, Zweite Reihe, 19. Band. Herausgegeben von Felix Niedner. Eugen Diederichs Verlag, Jena 1922
/23/ Konrad Fritze, Entstehung, Aufstieg und Blüte der Hansestadt Stralsund. In: Geschichte der Stadt Stralsund.
Verlag Hermann Böhlaus Nachfolger, Weimar 1984
/24/ Klaus Goldmann / Günter Wermusch, Vineta. Gustav Lübbe Verlag, Bergisch Gladbach 1999
/25/ Saxonis Grammatici Gesta Danorum. Alfred Holder (Hrg.), Straßburg 1886. XIII S.420
/26/ Hermann Bollnow, Studien zur Geschichte der pommerschen Burgen und Städte im 12. und 13. Jahrhundert.
In: Veröffentlichung der Historischen Kommission für Pommern, Reihe V, Heft 7, Böhlau Verlag, Köln Graz, 1964
/27/ Film „Vineta – Das Geheimnis der versunkenen Stadt". Antaeus Film GmbH i. A. von RBB (c 2004 RBB)
/28/ Fritz Curschmann, Matrikelkarten von Vorpommern 1692 –1698, Karten und Texte, Teil: Dorfbeschreibungen zu Blatt 3, 4, 7 und 8, Amt Barth, Barther und Stralsunder Distrikt, Amt Franzburg. Carl-Hinstorff-Verlag Rostock
/29/ Hannelore Sattler, Gerhard Heß, Pommern in alten Karten aus fünf Jahrhunderten. Kartenmappe mit Erläuterungen
/30/ Daniel Cramer, Das Grosse Pomrische Kirchen Chronicon. Das erste Buch. Druck und Verlag Nicolai Barthelt, Stettin 1628
/31/ Johann Micraelius, Anderes Buch des Alten Wendischen Pommerlandes. Druckerei und Verlag von Johann Kunckel, Stettin 1723
/32/ Johannes Bugenhagen, Pomerania, Thomas Helms Verlag, Schwerin 2008
/33/ Akademie der Wissenschaften der DDR, Corpus archäologischer Quellen zur Frühgeschichte der DDR.
2. Lieferung, Textband. Akademie-Verlag Berlin 1979
/34/ Mitteilung von Peter Herfert bei einem Telefonat mit dem Verfasser, Januar 2016
/35/ Heiko Schäfer, Karsten Igel, Giannina Schindler, Älteste Holzbauten aus der Gründungszeit der Hansestadt Stralsund.
In: Bodendenkmalpflege in Mecklenburg-Vorpommern, Jahrbuch 55, 2007. Schwerin 2008
/36/ Berichte über die Ergebnisse der archäologischen Grabungen am Primelberg bei Rostock-Dierkow im Sommer 2016
unter Leitung von Dr. Sebastian Messal, DAI Berlin
/37/ Konrad Fritze, Die Hansestadt Stralsund. Petermänken-Verlag Schwerin 1961
/38/ Joachim Wächter, Zur Geschichte von Altefähr und seiner Kirche. In: RUGIA Journal. Insula Rugia, Bergen 1995
/39/ Herbert Ewe, Stralsund – Die Stadt am Meer. Hinstorff Verlag GmbH, Rostock 1997
/40/ Das Danewerk in der Kartographiegeschichte Nordeuropas. Herausgegeben von Dagmar Unverhau und Kurt Schietzel.
Karl Wachholtz Verlag, Neumünster 1993. S. 135
/41/ Ernst Gronow, Der Grundbesitz der Stadt Stralsund und ihrer Klöster. Unveröffentlichtes Manuskript vom 01.02.1930, Stadtarchiv Stralsund
/42/ Willi Lampe, Die staatlich geschützten Bodendenkmäler des Bezirkes Rostock. Museum für Ur- und Frühgeschichte Schwerin, 1973

Autor mit Wünschelrute
Foto: Ulf-Peter Schwarz

Erläuterungen zur Arbeit mit der Wünschelrute

Die Anwendung von Wünschelruten zur Suche nach Wasseradern ist seit Jahrhunderten bekannt. Ich erfuhr bei meinem Studium des Bauingenieurwesens und der Stadtplanung von erfolgreicher Arbeit mit der Wünschelrute.
Zu Beginn meiner Arbeit als Stadtplaner wurde bei Vorbereitungsarbeiten zur Errichtung eines Wohngebietes auf der grünen Wiese ein Wünschelrutengänger zu Rate gezogen, der die im Planungsgebiet vorhandene Trinkwasserleitung, deren Verlauf nicht genau bekannt war, ortete. Durch meine Zusammenarbeit mit dem Brunnenbauer Hans-Peter Nehmzow und der Baugrundsachverständigen Anne-Kathrin Hinrichs aus Züssow bei Bodenuntersuchungen im Bereich des vermuteten Hafens der ehemaligen Seefestung Jomsburg erfuhr ich, dass beide in der Lage waren, mit der Wünschelrute Störungen im Untergrund, wie Wasser- und Drainageleitungen, Kabel, Wasseradern, Wechsel der Beschaffenheit des Bodens (z. B. unterirdische Fundamente) zu erkunden. Diese Fähigkeiten konnte ich zur Auffindung von nicht mehr sichtbaren Burgwällen nutzen.
Offenbar haben die ehemaligen inneren und äußeren Burggräben, die von der Herstellung der Wälle im 9. bis 13. Jahrhundert bis zur Einebnung (wegen der Gewinnung von Ackerland besonders im 18. und 19. Jahrhundert) bestanden, Spuren im Aufbau des Untergrundes hinterlassen. Wenn ein Hügel, auf dem ich einen Burgwall vermutete, von vielen Seiten mit der Wünschelrute bestiegen wurde und dabei die Wünschelrute jeweils im Abstand von 8 bis 12 m anschlug, fügten sich die Messungen zu einer Trasse rund um den Hügel. Daraus ergab sich die Lage des Walls. Andere Deutungen des Befundes (Drainagen, ehemalige Wege) konnten ausgeschlossen werden. Auf diese Weise konnten wir etwa 20 Wälle verorten.
Bei einigen Standorten wurden im Zuge der Begehung mit der Wünschelrute baumbestandene Höhenzüge als Reste der gesuchten Wälle identifiziert, z. B. bei Pustow an der Schwinge, bei Stedar am Kleinen Jasmunder Bodden.
Die Koordinaten des ehemaligen Burgwalls wurden mit dem GPS-Gerät eingemessen. Ein Bericht über die Lage und die Bedeutung des Burgwalls in der Slawenzeit wurde mit einer Karte an die Landesbehörde für Bodendenkmalpflege geschickt. Als Beispiel für diese Meldungen liegen die Texte und Karten über die Auffindung der Wälle auf einem Hügel

Wünschelrutenmaße:
Senkrechtes Teilstück: 34 cm
Waagerechtes Teilstück: 65 cm

bei Gustebin an der Ziese (siehe Kapitel „Lage und Entwicklung des Landes und der Stadt Vineta“) sowie des Walles der Wikinger-Handelssiedlung bei Menzlin – „Altes Lager“ – (siehe Kapitel „Slawische Burgwälle in Nordvorpommern) bei. Dass der Einsatz der Wünschelrute auch im Wald erfolgreich ist, wurde u. a. bei der Verortung eines Burgwalls bei Patzig / Rügen, bei Lietzow / Rügen am Kleinen Jasmunder Bodden, der Oldenburg (Ulanenberg) bei Züssow bewiesen.
Wie effektiv die Arbeit mit der Wünschelrute ist, kann an zwei Beispielen nachgewiesen werden: Hans-Peter Nehmzow fand auf dem Hügel bei Menzlin, bekannt als Standort einer Wikingersiedlung, mit der Wünschelrute die Trasse des ehemaligen Walls, die bei vorherigen Untersuchungen mit bekannten aufwändigen elektro-magnetischen Verfahren nicht ermittelt werden konnte. Anne-Kathrin Hinrichs fand mit der Wünschelrute auf einer Wiese bei der Stadt Usedom die unterirdischen Reste einer slawischen Siedlung mit derselben Präzision wie die ihr unbekannten Ergebnisse einer elektromagnetischen Untersuchung.
Als Wünschelrute wurden zwei im Winkel von 90 Grad geknickte Metalldrähte verwendet. Die Drähte werden so vor den Körper gehalten, dass ein Drahtende waagerecht in die Gehrichtung weist, das andere Ende zeigt senkrecht nach unten. Wenn beide waagerechten Drahtteile, die anfangs parallel gehalten werden, sich kreuzen, wird die Anomalie im Untergrund angezeigt.
Dass Menschen, die nicht beruflich mit der Wünschelrute gearbeitet haben, auch Störungen im Untergrund wahrnehmen können, habe ich selbst erfahren. Bei den Begehungen mit den professionellen Wünschelrutengängern konnte auch ich Wälle orten. Bei der Spurensuche im Umfeld der Jomsburg habe ich Drainageleitungen gefunden. Auf meinem Grundstück konnte ich Wasserleitungen und Stromkabel auffinden. Auch Menschen, die diese Methode für Humbug halten, können diese Fähigkeit haben; ein Wissenschaftler, der nicht an die Wirksamkeit der Wünschelrute glaubte, war sehr erstaunt, als er mit der Wünschelrute Trinkwasserleitungen orten konnte.
Ja selbst der Verleger dieses Buches ließ es sich nicht nehmen, die Wirksamkeit der Wünschelrute zu prüfen – die Präzision war erstaunlich und hat ihn überzeugt.